Sophia Fahrland

KLIMASCHUTZ FÄNGT AUF DEM TELLER AN

Sophia Fahrland

KLIMASCHUTZ FÄNGT AUF DEM TELLER AN

Das CO2-Sparbuch
für eine klimafreundliche Ernährung

Mit neuer Ernährungspyramide

KOMPLETTMEDIA

FSC
www.fsc.org
MIX
Aus verantwortungsvollen Quellen
FSC® C106954

Klimaneutral
Druckprodukt
ClimatePartner.com/13336-1905-1001

Originalausgabe
1. Auflage 2020
Verlag Komplett-Media GmbH
2020, München/Grünwald
www.komplett-media.de
ISBN: 978-3-8312-0561-5
Auch als E-Book erhältlich

Lektorat: Deborah Weinbuch, Hamburg
Korrektorat: Redaktionsbüro Diana Napolitano, Augsburg
Cover, Layout, Satz und Illustrationen: Sophia Fahrland, Münster
Umschlaggestaltung: Guter Punkt, München
Druck & Bindung: COULEURS Print & More, Köln

Printed in the EU

Für alle Fridays.

Und für Mutter Erde.

10

KLIMAKRISE

24

WER RETTET DAS KLIMA?

40

ERNÄHRE DICH PFLANZLICH

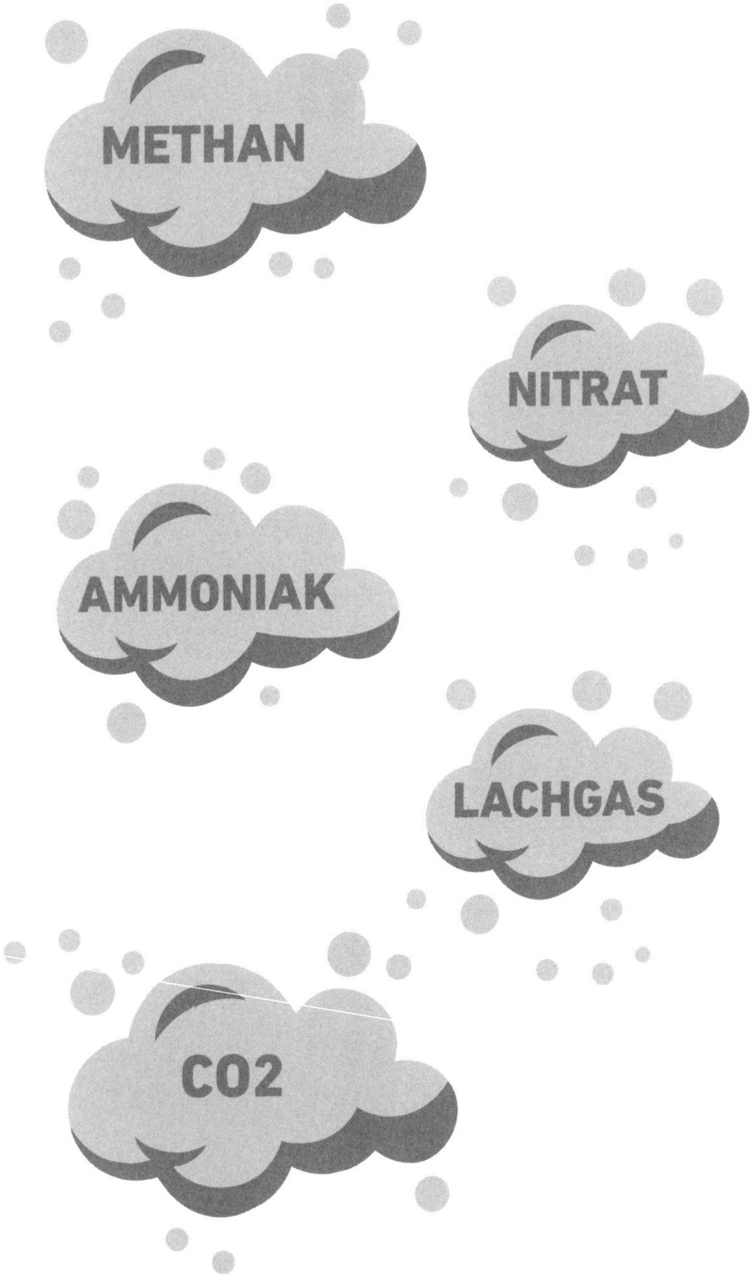
METHAN
NITRAT
AMMONIAK
LACHGAS
CO2

Langsam kommt der Klimawandel in unseren Köpfen an. Wir stehen kurz vor einem Kollaps. Der Begriff Klimawandel wird der existenziellen Bedrohung nicht mehr gerecht. Klimakrise oder Klimakollaps beschreibt die Dringlichkeit besser. Fang heute an, Verantwortung zu übernehmen. Klimaschutz beginnt auf deinem Teller.

ISS GUT JETZT.

KLIMA

BEDROHUNG DER MENSCHHEIT

KRISE

10

JAHRE

BLEIBEN UNS NUR NOCH, UM EINEN KLIMAKOLLAPS ZU VERHINDERN

1,5 GRAD

DÜRFEN NICHT ÜBERSCHRITTEN WERDEN

Die 1,5-Grad-Grenze verlangt, die globale Erhitzung auf weniger als 1,5 Grad gegenüber dem Niveau vor Beginn der Industrialisierung zu begrenzen. Gelingt dies nicht, wird es das Leben, wie wir es jetzt kennen, nicht mehr geben. Für einen Großteil der Menschheit ist das Überleben in Gefahr.

TREIBHAUS-
EFFEKT

FÜHRT ZUR

GLOBALEN
ERHITZUNG

FÜHRT ZUR

KLIMA-
KRISE

KLIMAKRISE ERKLÄRT

Zwei Begriffe müssen wir verstehen: Klimawandel und Treibhauseffekt. Und wir müssen lernen, dort jeweils zwischen natürlich und menschengemacht zu unterscheiden:

Natürlicher Klimawandel

Die natürlichen Erwärmungen und Absenkungen der Temperatur auf der Erde passierten bisher sehr langsam über einen langen Zeitraum. Das Wort Klima kommt aus dem griechischen „klinein" und bedeutet Neigung. Damit wird die Neigung der Erdachse zur Sonne beschrieben. Der Übergang von Sommer auf Winter hängt mit der Neigung der Erdachse relativ zur Bahnebene der Erde um die Sonne zusammen. Im Laufe der Jahrtausende schwankte diese, was zu Klimaveränderungen führte. Durch Wechselwirkungen mit der Atmosphäre, dem Boden, dem Gestein, der Ozeane, Eis und Schnee, sowie mit Pflanzen und Tieren wird das Klima weiter beeinflusst.

Menschengemachter Klimawandel

Seit Mitte des 19. Jahrhunderts sind die Temperaturen deutlich angestiegen. Solch enorme Veränderungen und eine so starke Erhitzung in diesem kurzen Zeitraum sind nicht natürlich. Seit der Industrialisierung trägt der Mensch dazu bei, dass sich der Prozess beschleunigt. Die globale Erhitzung ist menschengemacht. In den letzten 100 Jahren haben Forscher einen Anstieg der Durchschnittstemperatur von ungefähr 1,4 Grad über den Kontinenten gemessen. Bis zum Jahr 2100 wird mit einem Anstieg bis zu 4 Grad und schlimmstenfalls 6,5 Grad gerechnet, wenn wir weitermachen wie bisher. Die Folgen, wie Fluten, Dürren und gigantische Wirbelstürme treten bereits heute auf. Ab 2 Grad gehen einige Inselstaaten unter.

Natürlicher Treibhauseffekt

Der natürliche Treibhauseffekt sorgt für eine lebensfreundliche Mitteltemperatur und macht diesen Planeten bewohnbar. Eine unsichtbare Lufthülle, Atmosphäre genannt, umgibt unseren Planeten. Diese besteht aus verschiedenen Gasen, darunter sogenannte Treibhausgase. Sonnenstrahlen scheinen auf die Erde und erwärmen diese. Ein Teil der Strahlung wird von der Erde zurück in die Atmosphäre geworfen. Die Treibhausgase in der Atmosphäre hindern einen Teil der Strahlung daran, ins Weltall zu gelangen. Dieser Teil wird wieder zur Erde geschickt. Der Treibhauseffekt ist also natürlich und normalerweise im optimalen Gleichgewicht.

Menschengemachter Treibhauseffekt

Durch die Aktivität der Menschen gelangen immer mehr Treibhausgase in die Atmosphäre. Der Treibhauseffekt wird aus dem Gleichgewicht gebracht und eskaliert. Die Erde erwärmt sich immer weiter, weil immer mehr Sonnenstrahlen in der Atmosphäre „hängen" bleiben. Seit der Industrialisierung und mit dem Wechsel von der handwerklichen zur industriellen Fertigung, hat die Lebensweise des Menschen für eine schnelle Zunahme der Treibhausgase gesorgt. Die Erfindung der Dampfmaschine, Eisenbahn, des Dieselmotors sowie das Verbrennen fossiler Kraftstoffe zur Energiegewinnung treiben große Produktionsketten an. Dies ermöglicht eine Massenproduktion und verursacht somit extrem viele Treibhausgase. Der Anteil, den der Mensch am Treibhauseffekt hat, wird anthropogen genannt. Tierindustrie, Entwaldung, Verkehr und Abfallwirtschaft tragen ebenfalls erheblich zur Entstehung klimaschädlicher Gase bei.

TREIBHAUSGASE

CH4 METHAN

Menschen erzeugen es durch Land- und Forstwirtschaft, bei der Massentierhaltung, in Klärwerken und Mülldeponien. Es ist 30-mal stärker als CO2.

F-GASE HFKW, FKW, SF6, NF3

werden vom Menschen produziert, um als Treibgas, Kühl- und Löschmittel oder Bestandteil von Schallschutzscheiben eingesetzt zu werden.

N20

LACHGAS

(Distickstoffoxid)

Menschen verursachen es durch stickstoffhaltigen Dünger, Tierindustrie, Düngemittelproduktion und Kunststoffindustrie. Es ist 265-mal so wirksam wie CO2.

CO2

KOHLENDIOXID

Menschen verursachen Kohlendioxid bei der Verbrennung von Kohle, Erdöl und Erdgas für die Strom- und Wärmeerzeugung, Verkehr und für die industrielle Produktion.

KIPPPUNKTE

Mit der Erde lässt sich nicht verhandeln. Überschreiten wir bestimmte Werte, so werden Kipppunkte erreicht, die eine unumkehrbare Kettenreaktion auslösen. Verschiedene Klimaveränderungen verstärken sich gegenseitig und machen einen großen Teil der Erde unbewohnbar. Diese abrupten, drastischen Änderungen sind dann für viele Hunderte Jahre unumkehrbar. Es wird heiß, verdammt heiß. So heiß, dass das Überleben massiv erschwert wird. Das Leben der Menschheit auf diesem Planeten, so, wie wir es heute kennen, wird es nicht mehr geben.

Auftauender Permafrost

Ein Beispiel für einen Kipppunkt ist das Auftauen der Permafrostböden. Die Permafrostböden in den arktischen und antarktischen Polargebieten sind bis zu 1.500 Meter dick. Die Erderhitzung lässt den sonst ganzjährig gefrorenen Boden auftauen. Dabei werden erhebliche Mengen an CO2 und Methan freigesetzt, die wiederum zur Erderhitzung beitragen. In der Permafrostschicht stecken bis zu 1.500 Milliarden Tonnen Kohlenstoff. Das ist das Doppelte der derzeit in der Erdatmosphäre vorhandenen Menge.

KONSUM

REISEN

VERKEHR

ENERGIE

HEIZUNG

STROM

ERNÄHRUNG

INDUSTRIE

ABFALL

HAUSHALT

WÄRME

Durch all das verursachst du Treibhausgase. Dieses Buch widmet sich ausschließlich dem Bereich Ernährung.

WER RETTET DAS KLIMA?

In Deutschland hält eine Mehrheit der Bevölkerung den Klimawandel für ein sehr ernstes Problem. Dank der „Fridays for Future"-Proteste erhält die Klimakrise wieder mehr Aufmerksamkeit. Das Thema ist topaktuell. Eine mediale Berichterstattung findet statt. Jedoch fehlt die Übertragung auf die private Lebenswelt. Jeder weiß, was zu tun ist. Nur wenige tun es. Warum?

Die Klimakrise ist da. Das wurde vielen im Sommer 2018 erst so richtig bewusst. Das Dürrejahr 2018 brachte niedrige Wasserstände im Rhein und enorme Ernteausfälle. Es muss sich etwas ändern. Aber momentan verändert sich kaum jemand. Ein Mangel an Wissen kann es nicht sein. Das Internet ermöglicht uns kostenlosen Zugang zu allen Zahlen, Daten und Fakten. Drastische Veränderungen sind notwendig: nicht nur in der Energie- und Verkehrswende, sondern auch in deiner Küche. Das stößt mitunter auf Ablehnung. Wir stehen uns selbst im Weg durch Bequemlichkeit, Verdrängung, Kritik-Ablehnung, Gewohnheit und Gruppendenken.

WARUM WIR UNS NICHT ÄNDERN

Kognitive Dissonanz

Menschen sind widersprüchliche Wesen: Reden und Handeln passen oft nicht zusammen. Die eigentlichen moralischen Werte (z.B. „Ich schätze die Natur und die Umwelt.") verhalten sich genau gegenteilig zu deiner Handlung (z.B. Flugreisen). Vielleicht isst du weiterhin regelmäßig Fleisch, obwohl du über die schädlichen Folgen informiert bist. Je größer die Katastrophe dargestellt wird, desto tiefer sinken wir oftmals in eine Ohnmacht, eine Faulheit und Bequemlichkeit.

Akrasia

Akrasia ist die Abwesenheit von Willensstärke. Das Phänomen ist so alt wie die Menschheit selbst: Die kurzfristige Befriedigung einer Versuchung und unsere Bequemlichkeit überwiegen gegenüber dem langfristigen Ausblick. Du ziehst die akute Befriedigung deiner Bedürfnisse denen auf langer Sicht vor. Kurz gesagt: Das Stück Fleisch ist jetzt sofort lecker und greifbar, der Klimakollaps in weiter Ferne. Der Schmerz, den du heute als Verzicht empfindest, wirkt erst einmal realer als der Schmerz, der dir bei der Klimakrise bevorsteht. Du weißt eigentlich, was zu tun ist, machst es aber einfach nicht.

Verantwortung abgeben

Oft weisen Menschen die Verantwortung von sich weg. Nicht mein Problem, nicht meine Schuld. Es gibt viel größere Klimasünder: Die Überbevölkerung, die Politik, die Wirtschaft, China, Russland, die USA oder einfach alle anderen. Hinzu kommt das eigene Umfeld, in dem Fleischkonsum noch Normalzustand ist.

67

PROZENT

der Deutschen empfinden den Klimawandel als wichtigstes Problem für Deutschland.

7

PROZENT

der Deutschen ernähren sich vegetarisch.

DAS PROBLEM SIND WIR

Gruppendenken

Dein Verzicht auf tierische Produkte hat erst dann die erhoffte Klimaschutz-Wirkung, wenn es zur Massenbewegung wird. Außerdem findest du es sinnlos, als Einzelperson vegan zu leben, während der globale Fleischkonsum steigt: „Erst wenn sich alle verändern, verändere ich mich auch."

Fehlende Alarmbereitschaft

Das größte Problem der Klimakrise ist die fehlende Alarmbereitschaft. Der Klimawandel geht sehr schleichend voran. Wissenschaftler warnen schon seit 30 Jahren, die Nachricht verliert dabei an Neuigkeitswert. Bereits bestehende Wetterphänomene einer Region sind nicht neu und außergewöhnlich genug, denn sie werden nur verstärkt, häufiger und extremer. Deshalb ist die Klimakrise oftmals nicht actionreich, und nicht griffig genug für eine mediale Berichterstattung. Die Klimakrise ist nicht akut, sondern zäh fließend. Bisher ist die Berichterstattung zurückhaltend. Die Klimakrise ist eine reale Bedrohung, von der bald jeder betroffen ist. Bisher sind in Deutschland nur wenige im eigenen Alltag eingeschränkt. Deshalb fühlen sich nur wenige in der Verantwortung, etwas dagegen zu tun. Der Klimawandel ist einfach zu groß für unsere Wahrnehmung, er ist eine schleichende Veränderung. Es gibt kein konkretes Ereignis, sondern eine Verkettung dynamischer Prozesse. Klimawandel ist allumfassend und vielschichtig – und deshalb schwer zu greifen.

Warten auf die Politik

Veränderungen durch die Politik gehen sehr langsam voran und reichen bei Weitem nicht aus, um die Klimakrise aufzuhalten. Deshalb ist es notwendig, dass jeder darüber nachdenkt, was er selbst tun kann. Darauf warten, dass die Politik ein wirksames Klimaschutzpaket durchsetzt? Darauf warten, dass die Wirtschaft ihre Produktionsweise verändert? Das kostet Zeit. Zeit, die wir nicht haben. Während du auf ein funktionierendes Klimaschutzpaket der Bundesregierung wartest, kannst du selbst schon anfangen, etwas zu ändern. Individuelle Entscheidungen oder strukturelle Veränderungen? Wir brauchen beides. Sofort und gleichzeitig. Deinen Konsum kannst du heute schon verändern und direkt einen Unterschied machen.

Warum Ernährung?

Der Stromanbieter ist schnell gewechselt. Flugverzicht ist unangenehm. Gebäudesanierung ist zu teuer und für viele Mieter außerhalb ihres Einflussbereichs. Zero Waste scheint unerreichbar. Ein Bereich wird jedoch ständig übersehen und unterschätzt: die Ernährung. Da jeder Mensch zwei- bis dreimal täglich isst und wir 7,7 Milliarden Menschen auf diesem Planeten sind, ist die Ernährung ein großer Faktor in Sachen Klimakrise und Umweltbelastung.

ICH ALLEIN KANN NICHTS ÄNDERN.

SAGTEN 7,7 MILLIARDEN MENSCHEN.

KLIMASCHUTZ AUF DEINEM TELLER

Klimaschutz geht erfreulicherweise einfach und kostengünstig: auf deinem Teller. Klimaschutz beginnt bei der alltäglichen Entscheidung: im Supermarkt, im Restaurant, in der Küche. Ob tierische Produkte oder pflanzliche Alternativen in deinem Einkaufskorb landen, ist wichtig. Nicht nur Flugzeuge und Autos verursachen Treibhausgase, sondern auch unsere Lebensmittel. Ernährung ist an dieser Stelle keine Privatsache mehr. Wie du dich ernährst, hat nicht nur Auswirkungen auf deine Gesundheit, sondern auch auf die deines Planeten.

Angebot und Nachfrage

„Was bringt das schon, wenn ich allein auf Fleisch verzichte?“, magst du dich bestimmt fragen. Allein kannst du die Welt leider nicht retten. So lange warten, bis alle sich ändern, um dann selbst erst anzufangen, ist aber auch keine hilfreiche Herangehensweise. Denk immer daran: Du bist nicht allein. Neben dir leben noch 7,7 Miliarden andere Menschen auf diesem Planeten. Auch wenn du dich anfangs allein mit deinem verantwortungsvollen Konsum fühlst, sollte das kein Grund für dich sein, aufzugeben. Du trägst die Verantwortung für deinen Konsum. Dieser Verantwortung kannst du dich nicht entziehen.

JEDER KAUF IST EIN STIMMZETTEL

Die Nachfrage von heute bestimmt, was morgen produziert wird. Die Produzenten schauen auf die Verkaufszahlen vom letzten Monat und passen daraufhin ihre Planung an. Jeder Einkauf zählt. Jede Person zählt. Jedes bisschen zählt. Ob du heute dein Budget entweder in die Fleischindustrie oder in den Bio-Gemüseanbau steckst, ist entscheidend. Du stimmst entweder für Intensivtierhaltung oder für Bio-Landwirtschaft. Wenn sich jeder Besuch im Supermarkt für dich wie der Gang zum Wahllokal anfühlt, wird dein Einkauf anders ausfallen.

„Aber dann wird das Fleisch ins Ausland exportiert!“, werden Kritiker dir entgegnen. So wird es vielleicht sein. Kein Grund für dich, direkt alles hinzuschmeißen. Wenn du das Problem im großen Ganzen siehst, bist du trotzdem immer noch weltweit eine Person weniger, die Fleisch nachfragt. Und wer weiß: Vielleicht macht sich genau in diesem Moment eine Person in Hong Kong genau die gleichen Gedanken über einen klimafreundlichen Lebensstil wie du.

JEDER KAUF IST EIN STIMM-ZETTEL

SUPER-BIOMARKT
STIMMZETTEL
Dinkelbrot
Kartoffeln
Haferflocken
Karotten
Äpfel
Linsen
Walnüsse
Erdbeeren
Hafermilch
Tomaten
0,49 €
0,79 €
0,79 €
2,29 €
1,99 €
2,49 €
2,19 €
1,79 €
Summe: 15,76 €
CO2: 3,61 kg

Inspiriere andere

Du fühlst dich allein mit deinen Anstrengungen? Unbemerkt wirst du Menschen in deinem Umfeld mit deinem Handeln anstecken. Vor allem wirst du damit deine Familie, Freunde, Nachbarn und Arbeitskollegen sensibilisieren und inspirieren. Dieses Buch gibt dir eine Hilfestellung, um deinen veränderten Konsum selbstbewusst begründen zu können. Klimafreundliche Ernährung macht Spaß und ist gesund. Dein Lebensstil wird sich verändern, und das fällt in deinem Umfeld auf. Du wirst dabei immer mehr Menschen inspirieren.

Probiere das mal aus: Beim Bäcker freundlich und laut „Ohne Tüte, bitte!" sagen, und derjenige in der Schlange hinter dir wird es dir nachsagen. Aus einer Person werden einige, aus einigen werden viele, aus vielen wird die Mehrheit, aus der Mehrheit werden alle. Mach weiter, rede darüber, und inspiriere andere.

→ Nachfolgend werden in diesem Buch Lebensmittel anhand ihrer CO2-Äquivalente verglichen. Im CO2-Äquivalent werden alle Treibhausgase zusammengefasst. Als Referenzwert dient Kohlendioxid. CO2-Äquivalente sind also eine Maßeinheit zur Vereinheitlichung der Klimawirkung.

→ Zugunsten der Übersichtlichkeit wird in diesem Buch der Begriff „CO2" statt „CO2-Äquivalente" verwendet.

→ Es handelt sich um Durchschnittswerte.

→ Querverweise zu weiterführenden Informationen an einer anderen Stelle im Buch werden am Rand markiert.

→164
INSEKTEN

DEINE NEUE ERNÄHRUNGS-PYRAMIDE

Unsere Ernährung muss neu gedacht werden. Jede Mahlzeit zählt. Die Ernährungspyramdie ist eine Hilfestellung bei der Auswahl deiner Lebensmittel. Du arbeitest dich von unten nach oben hoch:

- **pflanzlich statt tierisch**
- **saisonal statt ganzjährig und regional statt global**
- **biologisch statt konventionell**

Diese drei Schritte werden in den nachfolgenden Kapiteln erläutert.

BIO
SAISONAL
REGIONAL
PFLANZLICH

ERNÄHRE DICH PFLANZLICH STATT TIERISCH

Bei der gesamten Produktion von Lebensmitteln, samt Aufzucht, Anbau, Transport, Herstellung, Verarbeitung und Lagerung entstehen Treibhausgase. Diese sind bei tierischen Produkten immer erheblich höher als bei pflanzlichen Lebensmitteln. Denn um eine tierische Kalorie zu erzeugen, werden zuvor sieben pflanzliche Kalorien verfüttert. In einer direkten Gegenüberstellung der Lebensmittel wird der Unterschied deutlich.

PFLANZLICH

BUTTER

25.000
22.500
20.000
17.500
15.000
12.500
10.000
7.500
5.000
2.500
0
23.794
CO2
in Gramm
je Kilogramm

MARGARINE

1.350

RINDFLEISCH

TOFU

1.100

KÄSESCHEIBEN

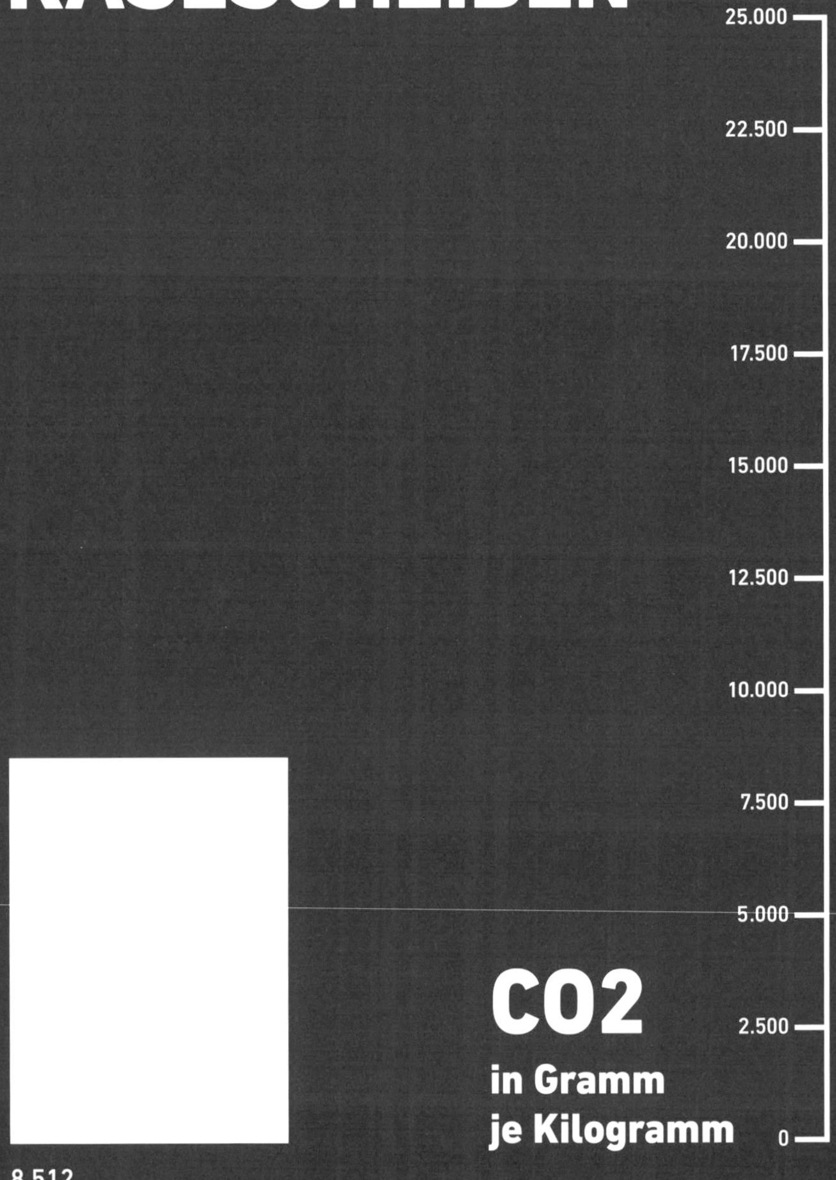

ERDNUSSBUTTER

LEBERWURST

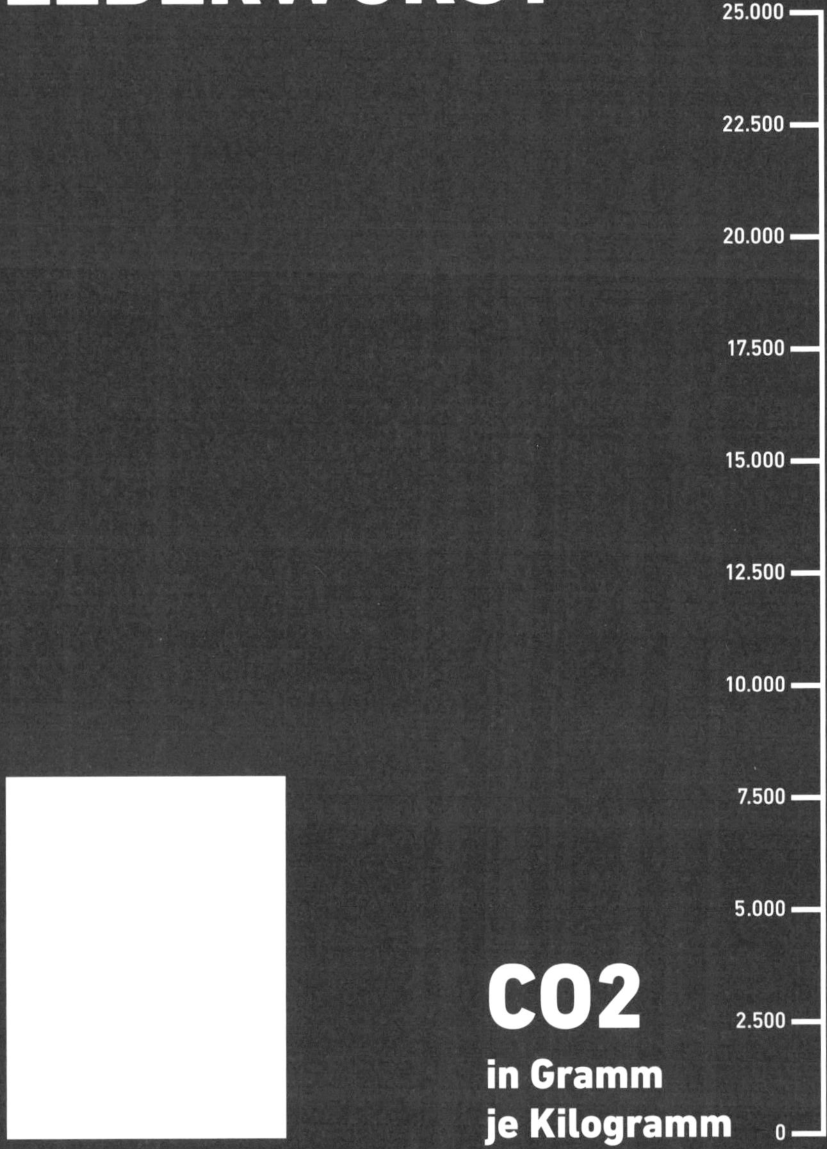
25.000
22.500
20.000
17.500
15.000
12.500
10.000
7.500
5.000
2.500
0
CO2
in Gramm
je Kilogramm
8.000

HUMMUS

1.250

SAHNE

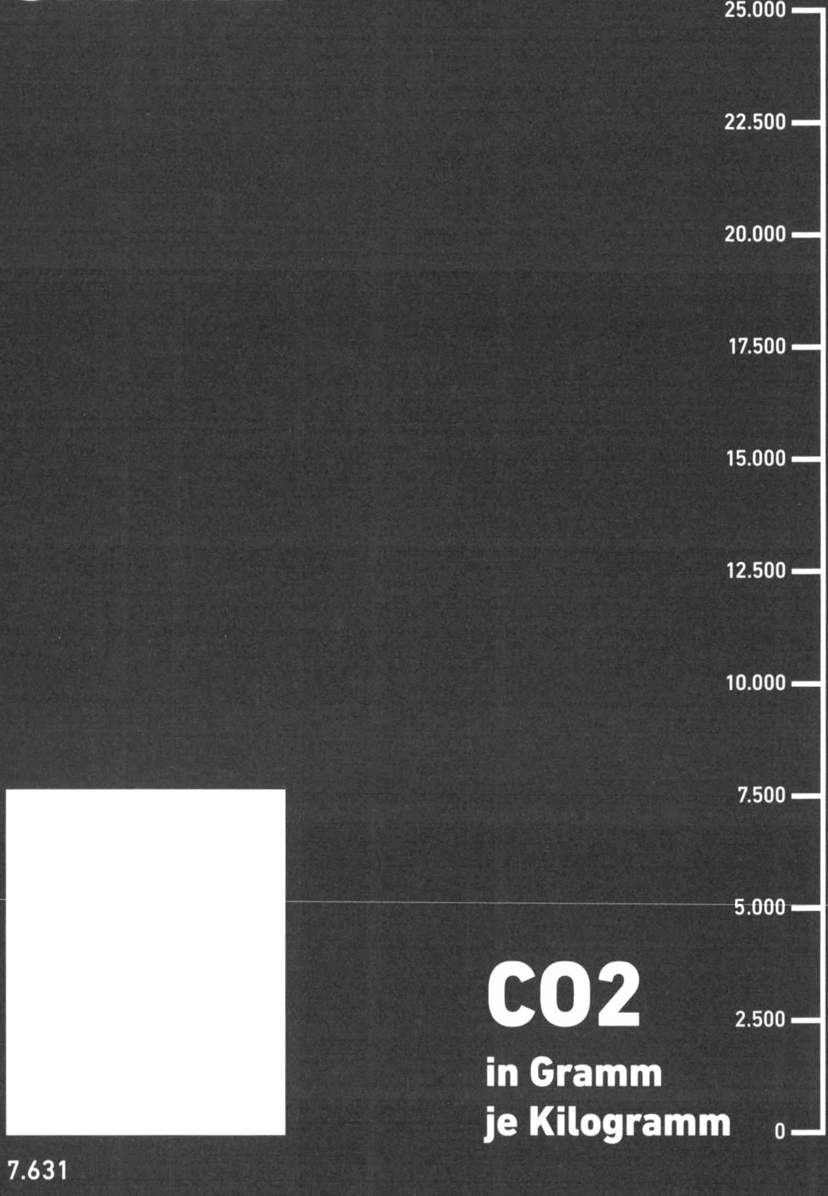

25.000
22.500
20.000
17.500
15.000
12.500
10.000
7.500
5.000
2.500
0
CO2
in Gramm
je Kilogramm
7.631

KOKOSMILCH

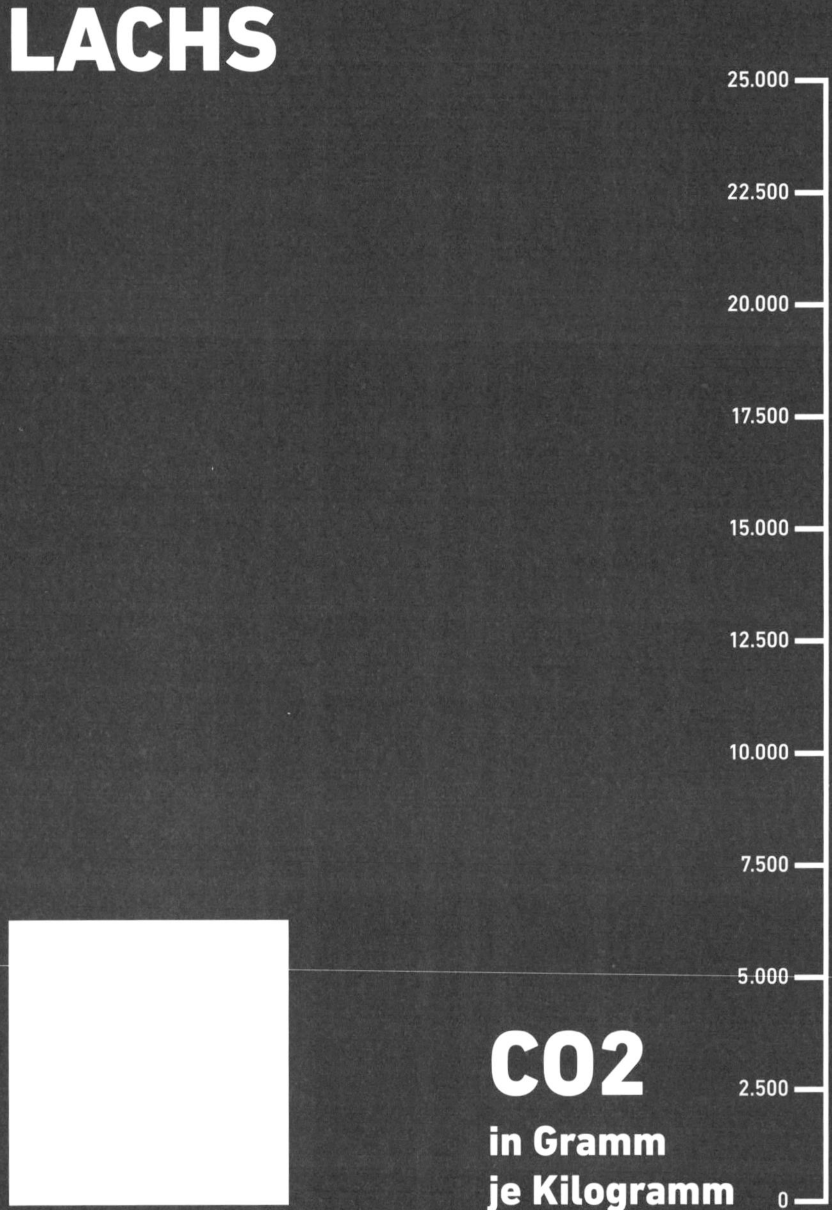
LACHS
25.000
22.500
20.000
17.500
15.000
12.500
10.000
7.500
5.000
CO2
in Gramm
je Kilogramm
2.500
0
6.290

WALNÜSSE

GEFLÜGEL

25.000
22.500
20.000
17.500
15.000
12.500
10.000
7.500
5.000
2.500
0
CO2
in Gramm
je Kilogramm
3.508

ROTE LINSEN

SCHWEIN

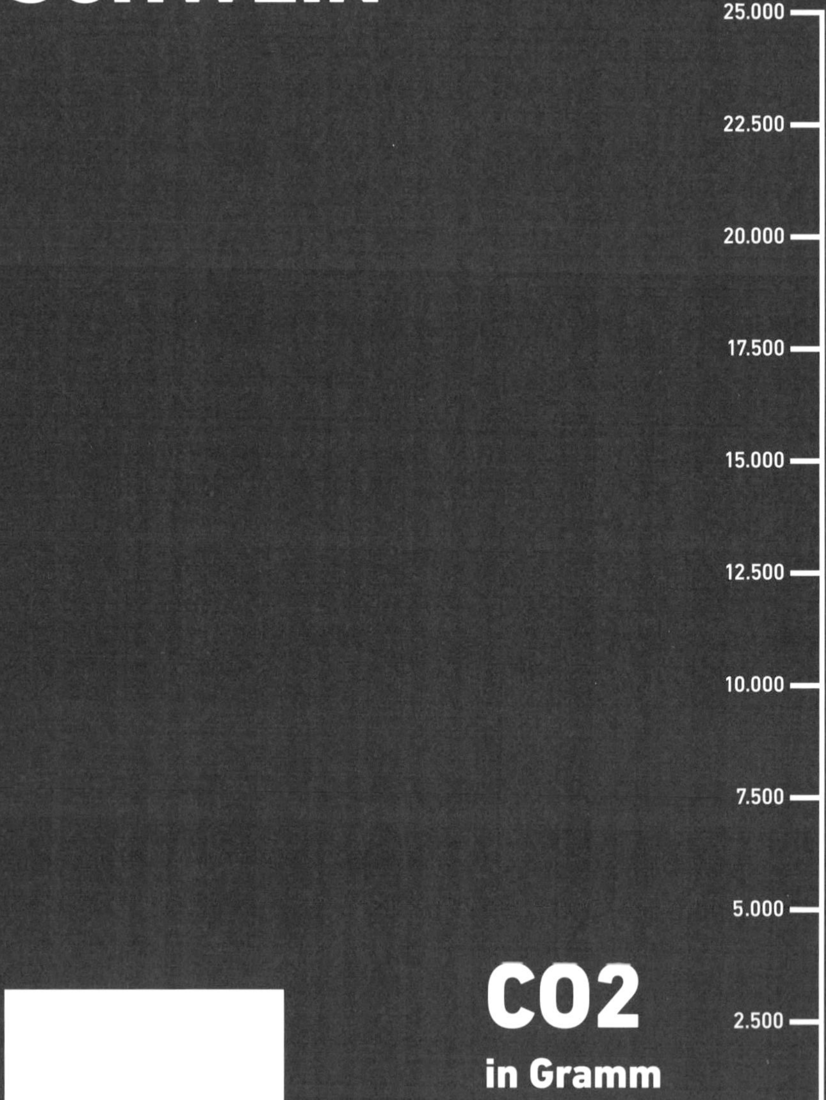
25.000
22.500
20.000
17.500
15.000
12.500
10.000
7.500
5.000
2.500
0
CO2
in Gramm
je Kilogramm
3.252

ZUCCHINI

EIER

25.000
22.500
20.000
17.500
15.000
12.500
10.000
7.500
5.000
2.500
0
CO2
in Gramm
je Kilogramm
1.931

KARTOFFELN

KUHMILCH

25.000
22.500
20.000
17.500
15.000
12.500
10.000
7.500
5.000
2.500
0
CO2
in Gramm
je Kilogramm
950

HAFERMILCH

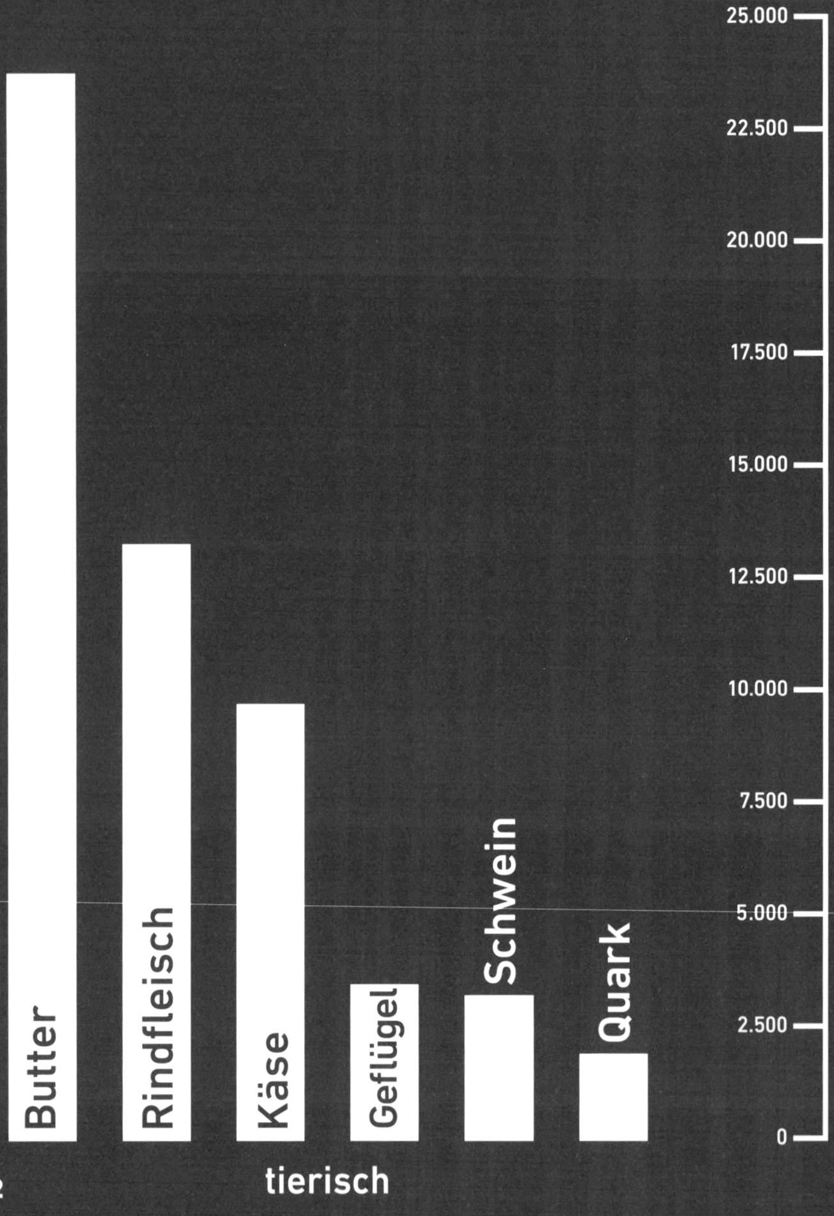

25.000
22.500
20.000
17.500
15.000
12.500
10.000
7.500
5.000
2.500
0
Butter
Rindfleisch
Käse
Geflügel
Schwein
Quark
tierisch

CO2 IM VERGLEICH

CO2 in Gramm je Kilogramm Lebensmittel

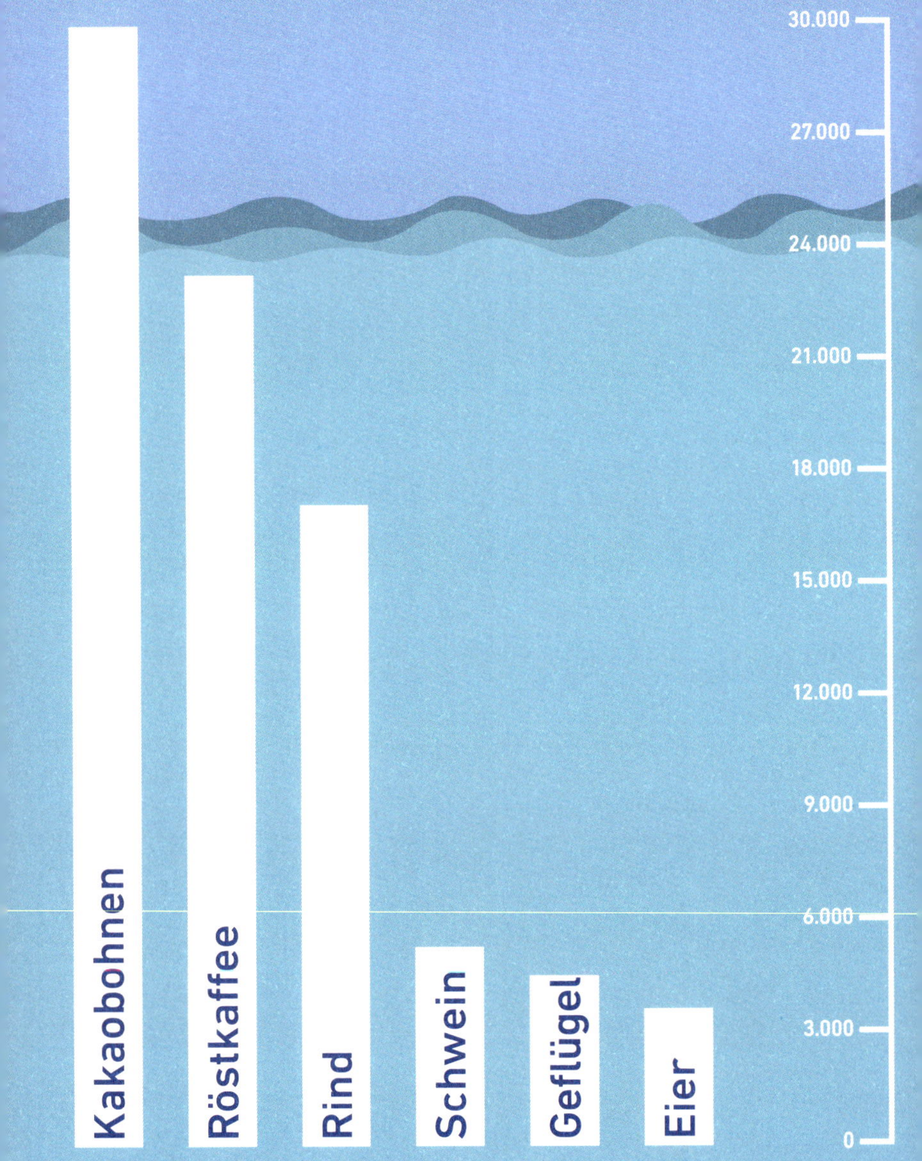
Kakaobohnen
Röstkaffee
Rind
Schwein
Geflügel
Eier
30.000
27.000
24.000
21.000
18.000
15.000
12.000
9.000
6.000
3.000
0

VIRTUELLES WASSER

Liter Wasser je Kilogramm Lebensmittel

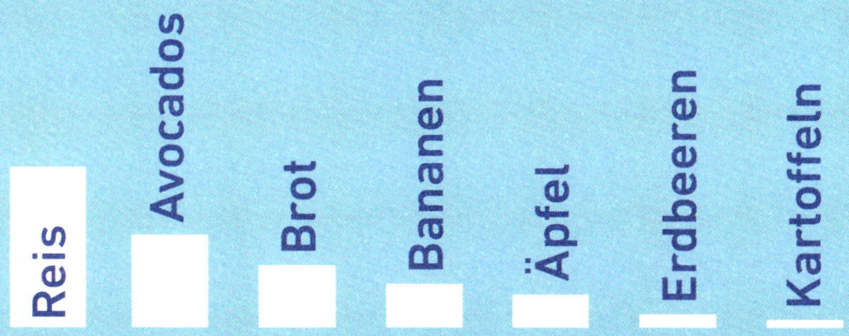

TIERISCH	PFLANZLICH
Butter	Margarine
Bacon	Tempeh
Eier	Seidentofu, Banane
Frischkäse , Leberwurst	Hummus
Frikadelle	Falafel
Hackfleisch	Sojahack, Rote Linsen
Honig	Marmelade
Joghurt	Sojajoghurt
Käse	Vegane Streichcreme
Kuhmilch	Hafermilch, Sojamilch

Rindfleisch-Burger	Kidneybohnen-Burger
Parmesan	Hefeflocken
Schnitzel	Tofu
Sahne	Soja-Cuisine
Schweinefleisch	Räuchertofu
Steak	Fleisch aus Lupine oder Soja
Streichkäse	Erdnusbutter
Speck	Seitan
Gummibärchen	Nüsse, Obst
Wurst	Gurke, Tomate

DIE PROBLEME DER

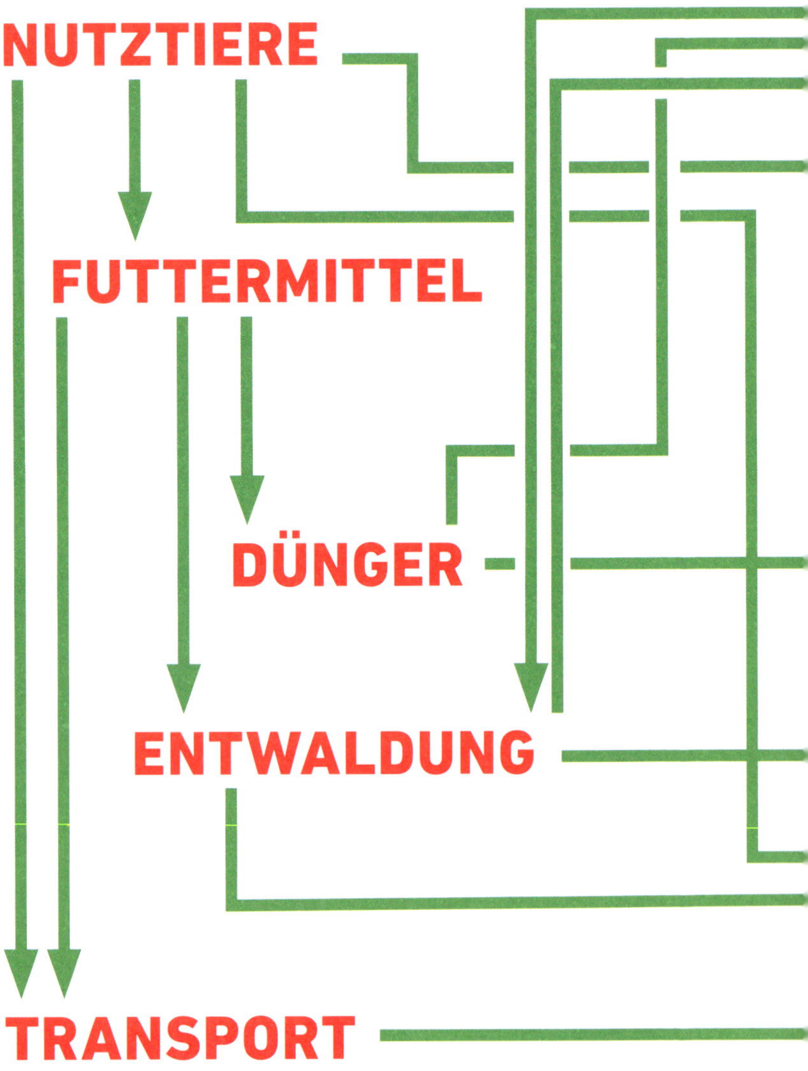

TIERINDUSTRIE

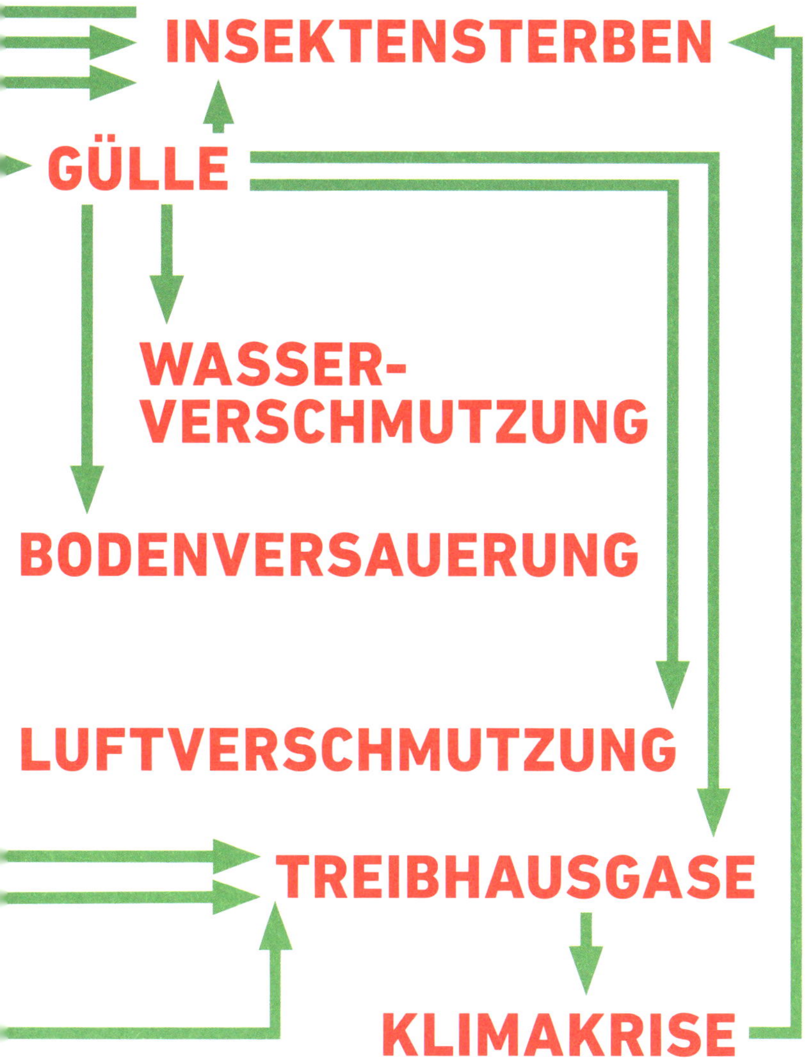

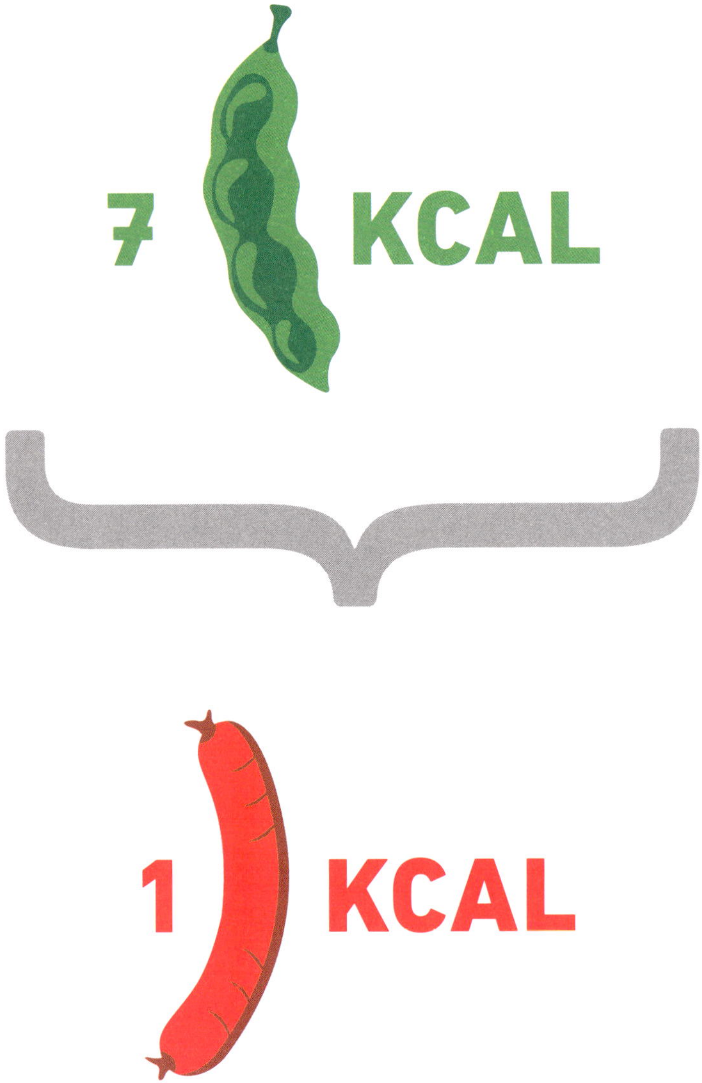
7
KCAL
1
KCAL

SIEBEN PFLANZLICHE KALORIEN WERDEN VERFÜTTERT,

UM EINE TIERISCHE KALORIE HERZUSTELLEN.

konventionelle Tierindustrie	7 > 1
biologische Tierhaltung	12 > 1

DIE TOP 3 DER KLIMAKILLER SIND TIERISCHE LEBENSMITTEL

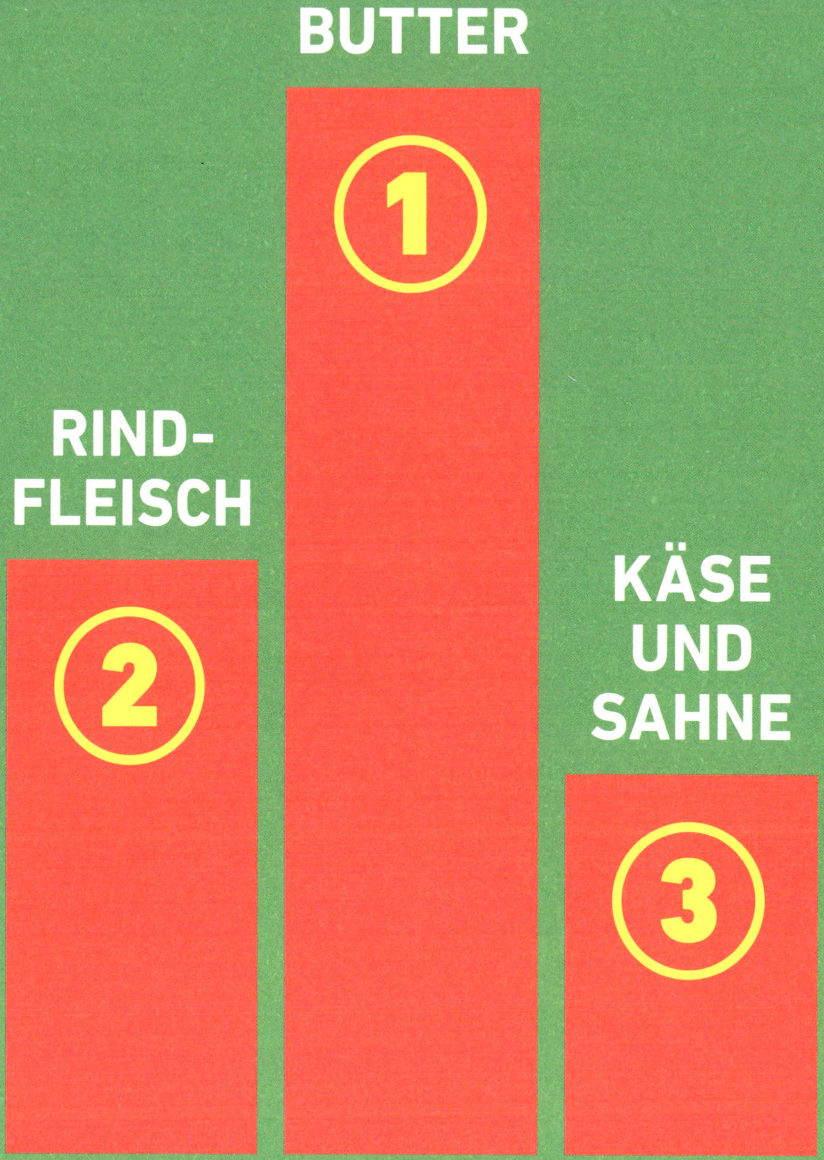

MEHR INFOS → 106

BEI DER VERDAUUNG DER KÜHE ENTSTEHT SCHÄDLICHES METHAN

LACHGAS
CO2
AMMONIAK

MEHR INFOS → 112

58 % DER ÄCKER WELTWEIT WERDEN FÜR TIERFUTTER BEANSPRUCHT.

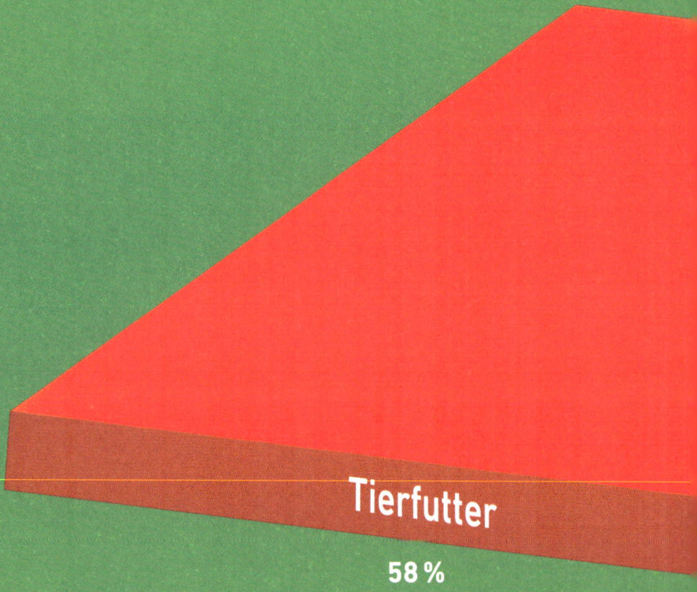

Prozentuale Anteile an der Gesamtbiomasse,
Verwendung von geernteter Agrar- und Forstbiomasse weltweit

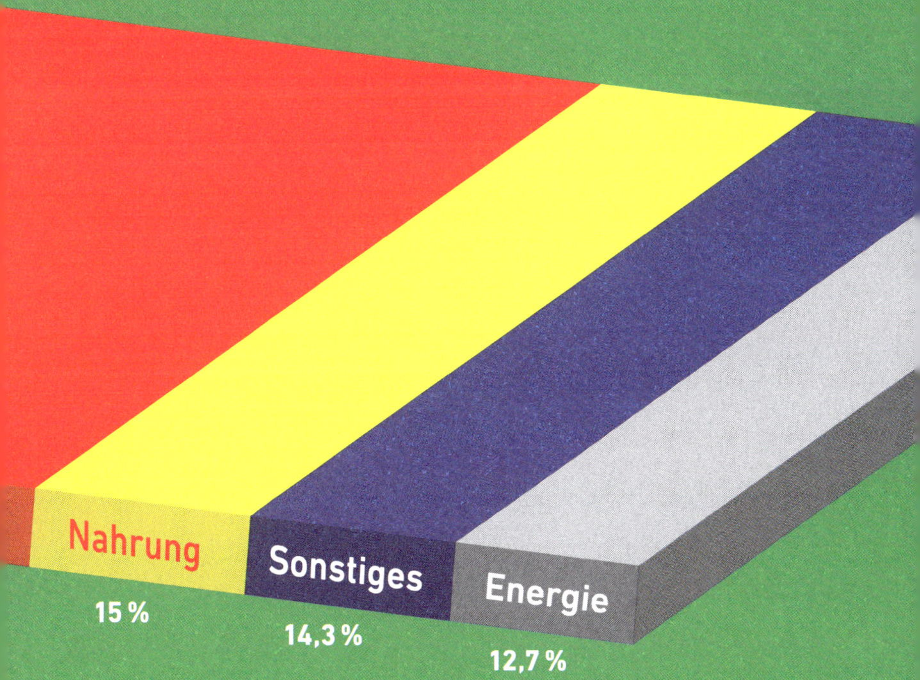
Nahrung
Sonstiges
Energie
15 %
14,3 %
12,7 %

SO VIEL FLÄCHE VERBRAUCHT DEIN ESSEN:

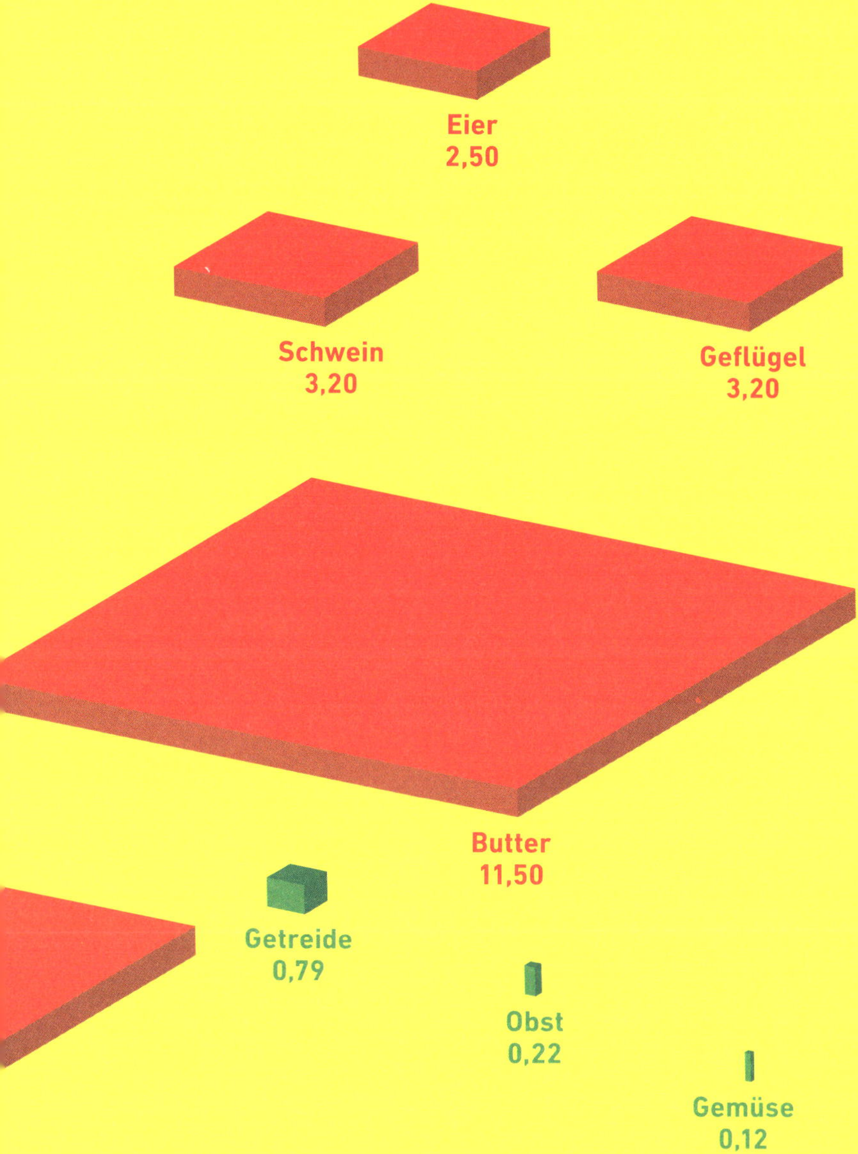

Flächenverbrauch in Quadratmeter pro 100 Gramm Lebensmittel

98 %
DER SOJAERNTE WIRD ZU TIERFUTTER VERARBEITET.

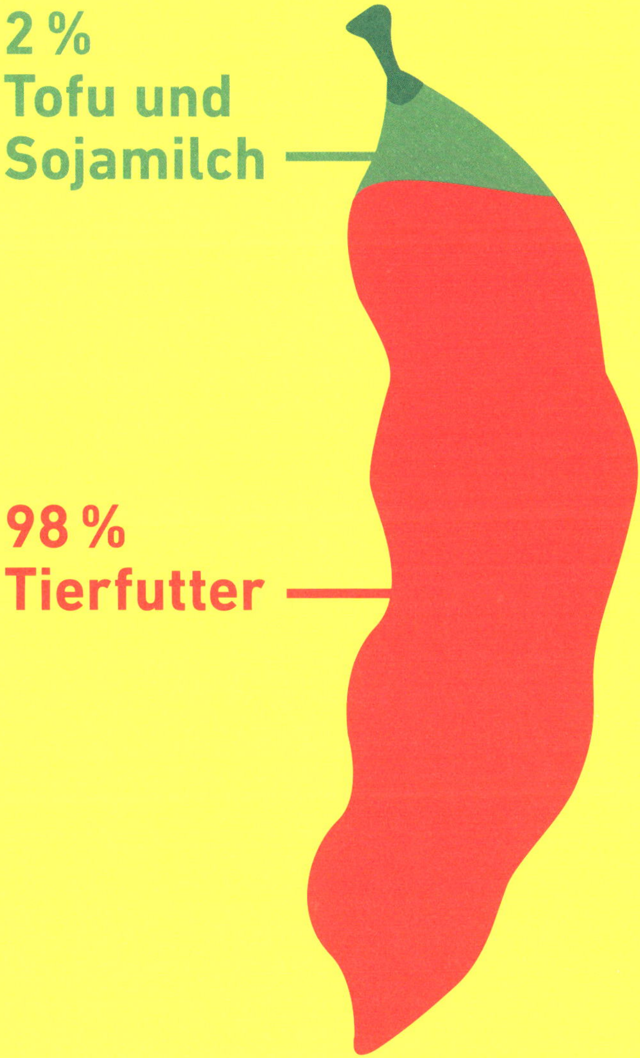

MEHR INFOS → 111

SOJA FÜR TIERE

kommt meist aus Argentinien, Brasilien und Paraguay

und wird als Sojaschrot oder Sojamehl an Nutziere verfüttert.

SOJA FÜR MENSCHEN

kommt meist aus Deutschland, Österreich, Frankreich, Schweiz und Italien

und wird zu Tofu, Sojamilch und Sojaschnitzel für Menschen weiterverarbeitet.

DIE TIERINDUSTRIE IST FÜR 88 % DER AMAZONAS-ABHOLZUNG VERANTWORTLICH.

1 kg Rindfleisch = 111 km

1 KG RINDFLEISCH VERURSACHT SO VIEL CO2 WIE 111 KM AUTOFAHRT.

1 KG TOFU VERURSACHT 19 KM.

Eine Fahrt mit einem durchschnittlichen Pkw auf der Autobahn.

1.550 LITER WASSER

100 GRAMM RINDFLEISCH

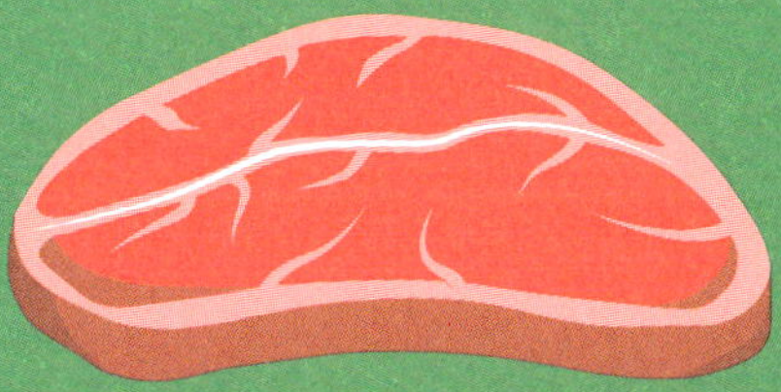

1.000 LITER WASSER

1 LITER KUH-MILCH

20 LITER KUHMILCH

1 KG BUTTER

MEHR INFOS → 113

260 MILLIONEN TONNEN METHAN PRODUZIEREN DEUTSCHE RINDER PRO TAG.

1 LITER KUHMILCH

3 LITER GÜLLE

MEHR INFOS → 112

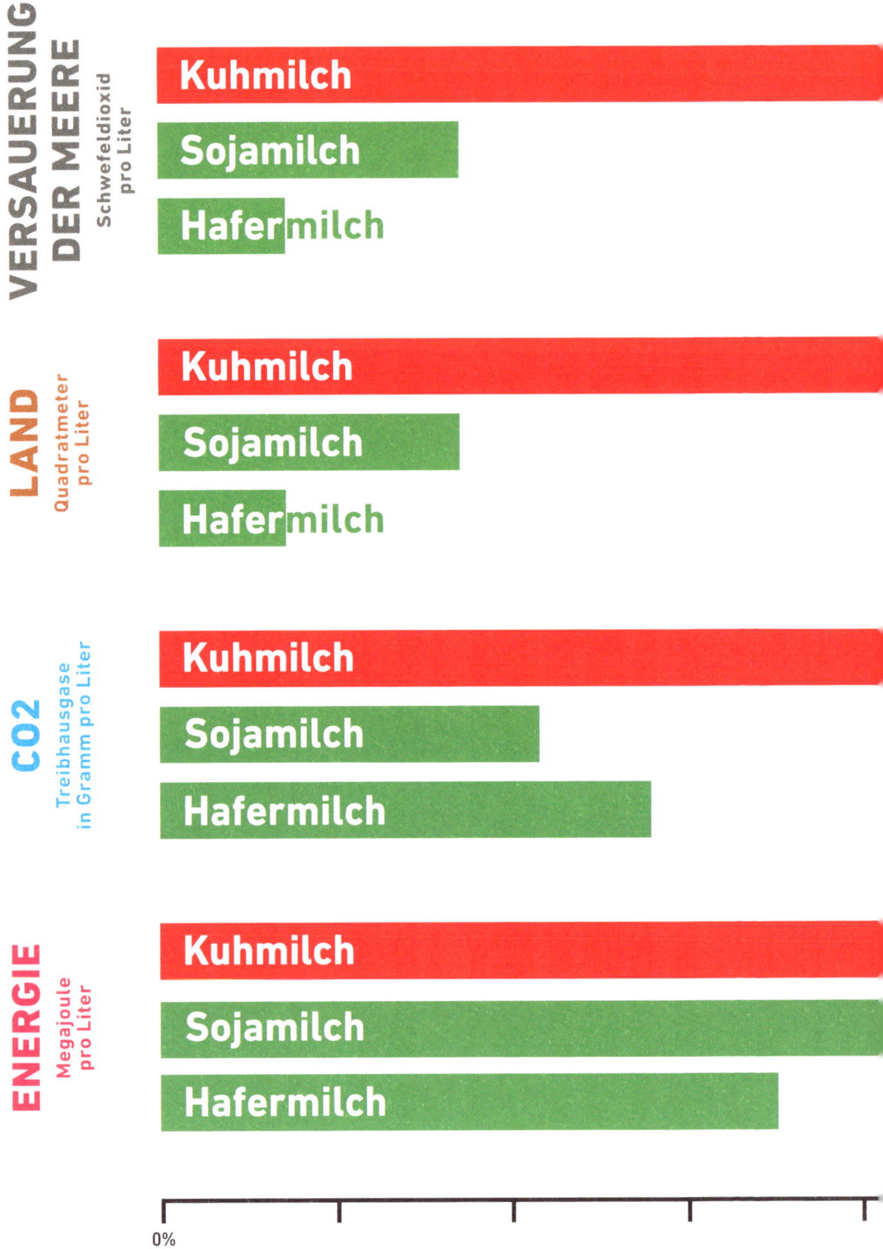
VERSAUERUNG DER MEERE
Schwefeldioxid pro Liter
Kuhmilch
Sojamilch
Hafermilch
LAND
Quadratmeter pro Liter
Kuhmilch
Sojamilch
Hafermilch
CO2
Treibhausgase in Gramm pro Liter
Kuhmilch
Sojamilch
Hafermilch
ENERGIE
Megajoule pro Liter
Kuhmilch
Sojamilch
Hafermilch
0%

MILCH
SORTEN
im Vergleich
100%

64 PROZENT

der Treibhausgase aus der Landwirtschaft könnten vermieden werden,

WENN SICH JEDER VEGAN ERNÄHRT.

PFLANZLICH STATT TIERISCH

Die weltweite Tierindustrie verursacht 18 Prozent aller Treibhausgase. Dazu gehören Futtermittelproduktion, Aufzucht, Verdauung und Ausscheidungen der Tiere, Tiertransporte, Schlachtung, Verarbeitung, Kühlung, Transport und Lagerung.

68 ← TIER-INDUSTRIE

Die drei klimaschädlichsten Lebensmittel gehören alle zum Bereich der tierischen Produkte: Nummer 1 ist Butter mit 23.800 Gramm CO2. Rindfleisch mit 13.311 Gramm CO2 belegt den Platz 2. Danach folgen Sahne und Käse auf dem dritten Platz mit 8.500 Gramm und 7.600 Gramm CO2. Wer Fleisch und Milchprodukte isst, verschlechtert seine Klimabilanz deutlich. Als durchschnittlicher Deutscher auf Fleisch zu verzichten, bringt eine Einsparung von 800.000 Gramm CO2 im Jahr. Wollen wir die Klimaziele einhalten, müssen wir weltweit die Tierhaltung deutlich reduzieren. Um die Emissionen klimaschädlicher Gase zu senken, müsste die Produktion von Fleisch und Milch drastisch gesenkt werden. Das verlangt große Veränderungen von jedem Einzelnen.

14 ← KLIMAZIELE

18 PROZENT

der gesamten CO_2-Emissionen verursacht die Tierindustrie weltweit.

KLIMAKILLER TIERINDUSTRIE

Auch die Verbrennung fossiler Brennstoffe für die Produktion von Mineraldünger, die Klimaanlagen der Zuchtbetriebe und der Brennstoff zum Antrieb schwerer Landmaschinen gehören dazu. Addiert man dazu Emissionen der Produktionsprozesse, Schlachtung, Transport, Futteranbau und Kühlung kommen enorme Mengen an Treibhausgasen zusammen.

Methan

Methan entsteht in Fermentationsprozessen im Magen von Wiederkäuern (Rind, Schaf, Ziege). Vor allem die Rinderhaltung ist problematisch, denn bei der Verdauung der Tiere entstehen große Mengen des schädlichen Methans. Viele Rinder sind notwendig für den enormen Verbrauch von Fleisch und Milchprodukten. 60 Prozent der gesamten Methan-Emissionen stammen aus der Tierindustrie.

Lachgas

Nutztiere brauchen viel Futter, deshalb werden große Mengen an Futtermittel angebaut. Im Ackerbau führt die intensive Düngung mit stickstoffhaltigen Düngemitteln und Gülle zu Lachgas. Das schadet dem Klima. 80 Prozent der Lachgas-Emissionen werden der Tierindustrie zugeschrieben.

Ammoniak

Ammoniak entsteht in der Tierhaltung durch die Ausscheidungen, wenn Harnstoff oder Eiweiß in den Exkrementen der Nutztiere zersetzt wird. Emissionen entstehen im Stall und bei der Ausbringung der Gülle. Das freigesetzte Ammoniak wird in der Atmosphäre zu Ammonium umgesetzt. Die Tierindustrie ist mit 95 Prozent der Hauptverursacher von Ammoniak.

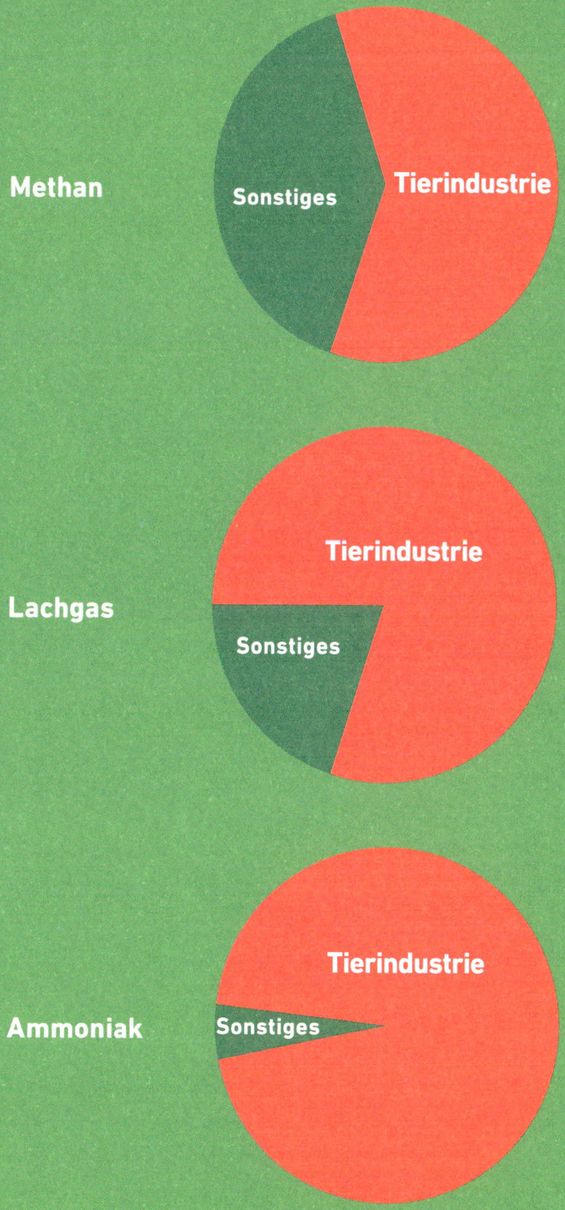
Methan
Sonstiges
Tierindustrie
Lachgas
Tierindustrie
Sonstiges
Ammoniak
Tierindustrie
Sonstiges

PROBLEME DER TIERINDUSTRIE

Futtermittelproduktion

Um tierische Produkte zu erzeugen, werden massenhaft Tiere täglich mit Kraftfutter aus Mais, Soja und Raps gefüttert. Futtermittelsoja wird in großen Mengen vorwiegend in Südamerika angebaut und von dort importiert. Dabei fallen hohe CO2-Emissionen für Anbau und Transport an. Weltweit werden 71 Prozent der Ackerflächen für den Anbau von Tierfutter beansprucht. Nur 18 Prozent der Fläche werden für Lebensmittel für den Menschen genutzt. Wenn du weniger tierische und mehr pflanzliche Lebensmittel isst, wird mehr Fläche frei. Diese kann wieder zum Lebensraum für Wildtiere und Insekten werden oder zur Aufforstung und somit CO2-Rückbindung genutzt werden. Die frei werdenden Flächen werden auch benötigt, um die stetig wachsende Weltbevölkerung zu ernähren.

Entwaldung

Für Futtermittelanbau werden Wälder in den Anbaugebieten gerodet und in Monokulturen umgewandelt. Die Monokulturen sorgen für Wasserknappheit und Artensterben. Das zuverlässigste Instrument zur Rückbindung von Kohlenstoff sind Waldflächen und Moore. Entwaldung ist die Umwandlung von Waldflächen zu anderen Nutzungsformen. Das bestehende Ökosystem wird zerstört, Lebensräume für Tiere und Insekten gehen verloren. Wälder sind gigantische Kohlenstoffspeicher und wirken sich kühlend aufs Klima aus. Sterben die Wälder, so wird der in ihnen gespeicherte Kohlenstoff freigesetzt, ihre wichtige klimaregulierende Funktion geht verloren. Riesige Landflächen sind nötig, um Getreide, Mais und Soja anzubauen, um Nutztiere zu füttern. Futtermittelsoja ist eine der Hauptursachen für die Abholzung der Wälder.

FLEISCH FRISST WALD

Das Soja und der Regenwald

Das Vorurteil, Veganer zerstören den Regenwald, weil sie viele Sojaprodukte wie Sojamilch und Tofu essen, hält sich standhaft. Sojabohnen, die zur Herstellung von Sojamilch und Tofu genutzt werden, stammen jedoch aus Europa. Soja ist nämlich sehr genügsam und kann nahezu überall kultiviert werden. Der Regenwald wird für Soja zerstört, doch dieses Soja fressen die Nutztiere. 98 Prozent der weltweiten Sojaproduktion ist für die Futtermittelproduktion der Tierindustrie bestimmt.

→84 SOJA

Artensterben

Pestizide und intensive Landbearbeitung belasten die Umwelt. Die Folgen sind Artensterben, insbesondere das Insektensterben. Wenn nicht eine Unmenge Futtermittel erzeugt werden müsste, könnte man das Artensterben stoppen, indem wir den Wildtieren und Insekten einen Teil des natürlichen Lebensraums zurückgeben. Das Artensterben wird zudem noch durch Waldrodung verschlimmert, weil Lebensräume für Insekten und Kleintiere zerstört werden. Auch zu viel Gülle schadet den Insekten. Vögel und andere Kleintiere sind abhängig von Insekten als Nahrungsquelle. Der Mensch zerstört dieses Gleichgewicht.

→164 INSEKTEN

GÜLLE IM GRUNDWASSER

Boden-, Wasser- und Luftverschmutzung

Gülle und Pestizide aus der Tierindustrie belasten Böden und Grundwasser. Wenn wir weniger tierische Exkremente produzieren, können wir die Gewässer entlasten, giftige Luftschadstoffe reduzieren und die Ökosysteme schonen. Durch Futtermittelproduktion und Tierindustrie entsteht eine gefährliche Überdüngung. Ammoniak belastet Gewässer, Moore und Wälder mit zu viel Stickstoff und führt dort zur Überdüngung. Grundwasser wird mit Dünger, Unkraut- und Insektenvernichtungsmitteln verschmutzt. Dort, wo Ammoniak und Ammonium in Böden und Gewässer eingetragen werden, kann es zu einer Versauerung kommen. Waldbäume werden durch die Bodenversauerung beeinträchtigt. Auch können giftige Schwermetalle aus den versauerten Böden ausgespült werden. Bodenwasser wird in den betroffenen Flächen ebenfalls sauer und führt wiederum zur Versauerung von Gewässern.

160 ← BODEN

VEGETARISCH REICHT, ODER?

Das Problem ist die Kuh, besser gesagt alle Wiederkäuer. Rinder, Schafe und Ziegen stoßen durch ihre Verdauung Methan aus. Dies betrifft alle Milchprodukte. Die Problematik der Milchindustrie erhält bisher zu wenig Aufmerksamkeit. Beim Thema Klimaschutz denken die meisten direkt an Fleischverzicht. Dies reicht für die Klimarettung nicht aus. 57 Prozent der Schüler*innen in Deutschen sind laut einer Umfrage bereit, weniger Fleisch zu essen. Oft wird das Reduzieren von Fleisch mit mehr Joghurt, Quark, Sahne, Butter und Käse ausgeglichen. Weniger Fleisch mit mehr Milchprodukten auszugleichen verbessert die Klimabilanz aber nur geringfügig. Die Deutschen sind Weltmeister im Milchkonsum. Milch, Quark, Käse, Joghurt, Butter sehen harmlos aus. Nichts Böses wird dahinter vermutet. Beim Fleisch kann man die Herkunft von einem Tier noch erahnen. Milchprodukte sind so weit vom Tier entfremdet, dass hier der Zusammenhang ausgeblendet wird. Milch kommt von der Kuh, und somit lassen sich alle negativen Auswirkungen der Rindfleischproduktion auf die Milchprodukte übertragen.

Butter

Der größte Klimakiller ist vegetarisch. Insgesamt werden für ein Kilogramm Butter 23.800 Gramm CO2 ausgestoßen. Butter ist somit auf Platz 1 der klimaschädlichen Lebensmittel. Die Erklärung ist naheliegend: Butter enthält viel Milch. 20 Liter Milch werden für ein Kilogramm fertige Butter benötigt. Für viel Milch braucht man viele Kühe. Und Kühe produzieren jede Menge extrem schädliches Methan. Methan wirkt 30-mal stärker anheizend auf das Klima als Kohlendioxid.

→ 96 BUTTER

NACHHALTIGE ERNÄHRUNG

Gesunde Ernährung für dich ist gleichzeitig auch gesund für den Planeten. Das hat eine Studie von 37 Forscherinnen und Forschern aus 16 Ländern bestätigt. Der Name „The Planetary Health Diet“ beschreibt das Ergebnis: Planetarisch ist diese Ernährung, weil sie innerhalb der natürlichen Grenzen des Planeten arbeitet. Gesund ist diese Ernährung, weil sie für den Menschen und gleichzeitig für den Planten gesünder ist. „Diet“ sollte hierbei nicht mit „Diät“, sondern mit Ernährungsweise übersetzt werden.

Um die Klimaziele zu erfüllen, ist es notwendig, die Ernährungsgewohnheiten weltweit zu ändern. Das Kreisdiagramm rechts zeigt, dass bei der Planetary Health Diet größtenteils pflanzliche Produkte empfohlen werden. Der Grundstein für eine gesunde und klimafreundliche Ernährung sind vielfältige pflanzliche Lebensmittel. Tierische Lebensmittel finden hier nur einen geringen Anteil. Laut der Studie müssen wir den Konsum von Obst und Gemüse, Hülsenfrüchten und Nüssen verdoppeln, den Verzehr von Fleisch und Zucker dagegen halbieren. Allgemein lässt sich sagen, dass gesunde Lebensmittel verdoppelt und ungesunde halbiert werden müssen.

Radikaler und schneller Wandel nötig

Bezogen auf die durchschnittliche Ernährung der Deutschen sollten wir nur noch ein Zehntel an Fleisch konsumieren. Ein Auszug aus einem Tagesplan sieht beispielweise so aus: 500 Gramm Gemüse, 500 Gramm Obst, 75 Gramm Hülsenfrüchte, 50 Gramm Nüsse, 232 Gramm Reis, 50 Gramm Kartoffeln und 29 Gramm Hühnchen.

GESUND IST KLIMAFREUNDLICH

In dem Bericht werden die empfohlene Menge pro Tag pro Lebensmittelgruppe in Gramm angegeben. Es ist jedoch nicht für jeden alltagstauglich und praktikabel, Lebensmittel getrennt voneinander vor dem Essen abzuwiegen. Deshalb stellt dieses Kreisdiagramm die prozentualen Verhältnisse dar:

The Planetary Health Diet

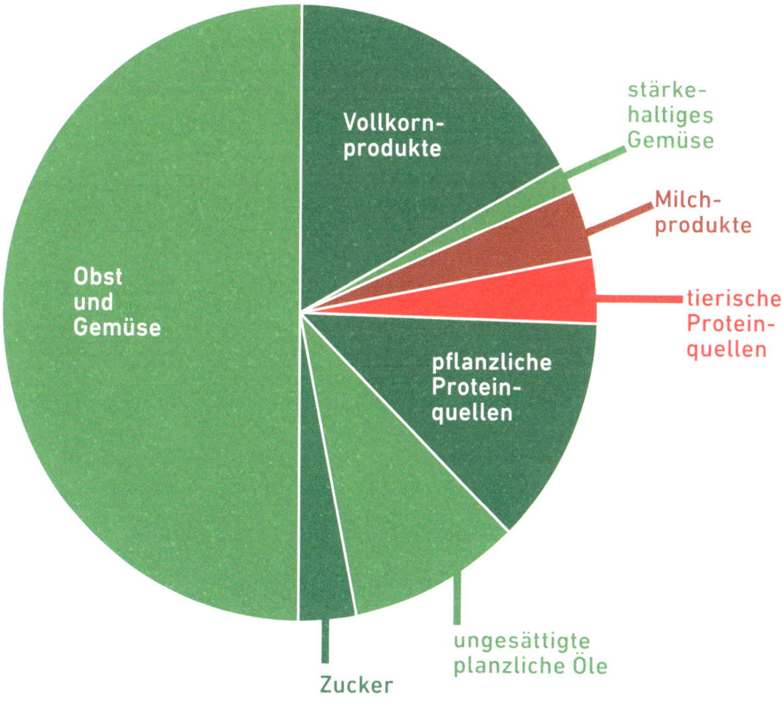

VEGAN = KLIMASCHUTZ

Pflanzliche Lebensmittel sind im Vergleich zu tierischen Lebensmitteln immer ressourcenschonender und klimafreundlicher. Jedes tierische Produkt kannst du durch ein pflanzliches ersetzen und hast somit eine enorme CO2-Einsparung. Falls vegan für dich momentan noch unmöglich scheint – keine Sorge. Du musst nicht von heute auf morgen vegan werden. Jedes bisschen zählt. Jedes Mal, wenn du ein tierisches Produkt durch ein pflanzliches ersetzt, ist das ein wichtiger Beitrag zum Klimaschutz.

Vegan als Universal-Lösung

In einer veganen Ernährung werden Fleisch, Fisch, Eier, Milchprodukte und Honig abgelehnt. Veganismus löst viele Umweltprobleme. Nach offizieller Definition werden bei einer veganen Ernährung jedoch exotische Lebensmittel nicht ausgeschlossen. Wer sich also vegan ernährt, sollte wissen: Vegan ist nicht gleich regional. Vegan ist nicht gleich saisonal. Wegen der langen Transportwege ist es somit keine gute Idee, seinen reduzierten Konsum tierischer Produkte mit Avocados zu kompensieren, die aus Chile importiert werden. Dazu mehr im nächsten Kapitel.

Anleitung zur veganen Ernährung: App „VeganStart"

ERNÄHRUNGSFORMEN IM VERGLEICH

CO2 in Gramm pro Tag pro Person

ERNÄHRE DICH SAISONAL UND REGIONAL

Wenn du dich beim Einkaufen bereits für pflanzliche Lebensmittel anstelle von tierischen entschieden hast, ist das ein großer, wichtiger Schritt. Mit der pflanzlichen Ernährung kannst du den größten Beitrag zum Klimaschutz leisten. Aber da geht noch mehr. In der nächsten Stufe gibt es ein weiteres Einsparungspotenzial. Entscheide dich für regional statt global und für saisonal statt ganzjährig. Bei Obst und Gemüse solltest du darauf achten, aus welchem Land und zu welcher Jahreszeit du einkaufst. Wie groß der Unterschied ist, siehst du in diesem Kapitel.

SAISONAL
REGIONAL

BOHNEN BEHEIZTES TREIBHAUS

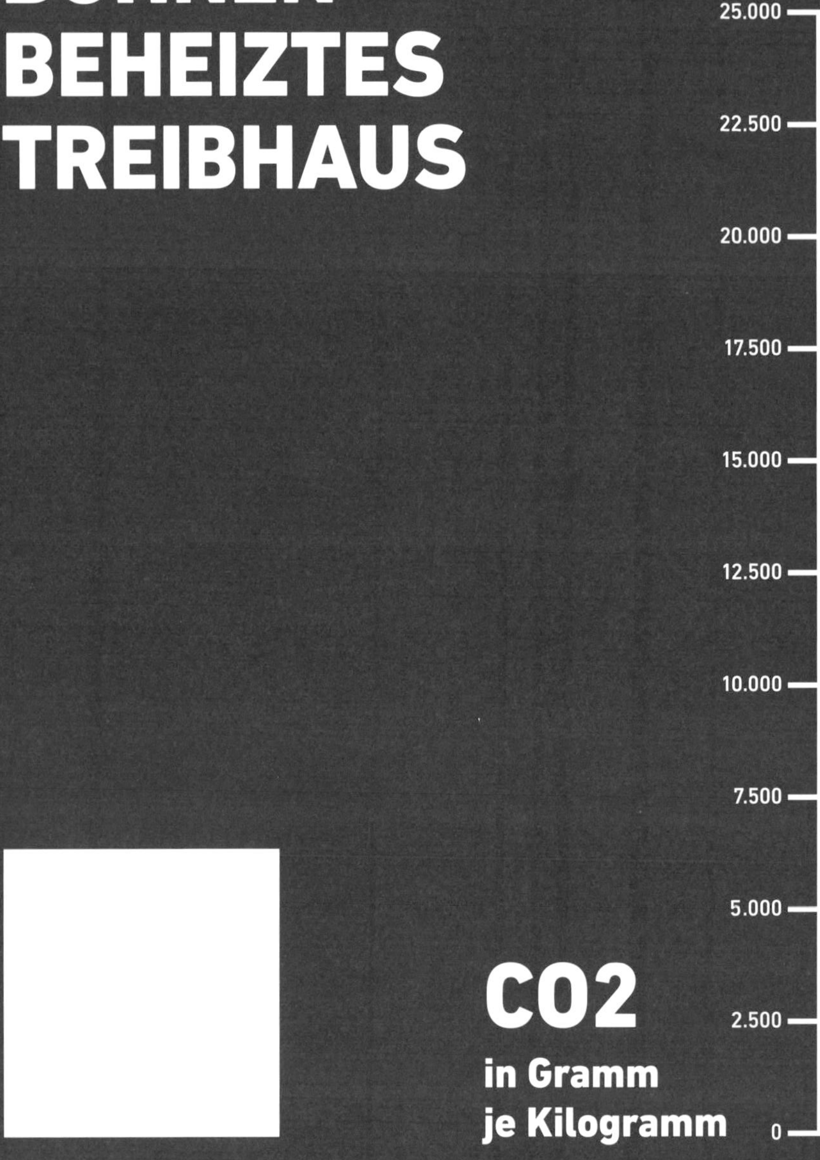

BOHNEN FREILAND

SALAT BEHEIZTES TREIBHAUS

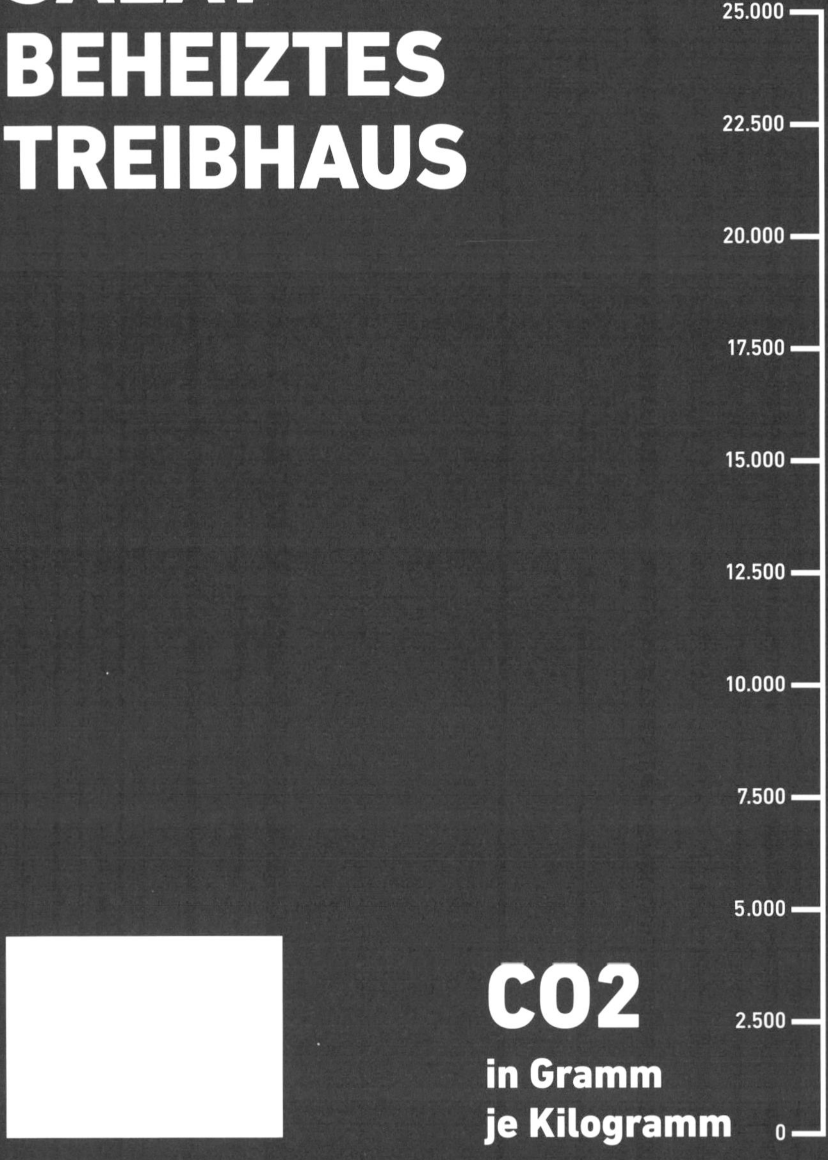

SALAT FREILAND

GURKE BEHEIZTES TREIBHAUS

GURKE FREILAND

SPARGEL
CHILE

SPARGEL DEUTSCHLAND

TOMATE BEHEIZTES TREIBHAUS

TOMATE FREILAND

FLUGZEUG

BOHNEN

ANANAS

MANGO

PASSIONSFRUCHT

PAPAYA

LKW / SCHIFF

APFEL
BIRNE
PFIRSICH
TRAUBEN
BANANE

EXOTISCH

CHIASAMEN
ACAI-BEEREN
QUINOA
GOJI-BEERE
AVOCADO

HEIMISCH

LEINSAMEN
BLAUBEEREN
HIRSE
JOHANNISBEEREN
WALNÜSSE

CO2 PRO 1000 KM JE

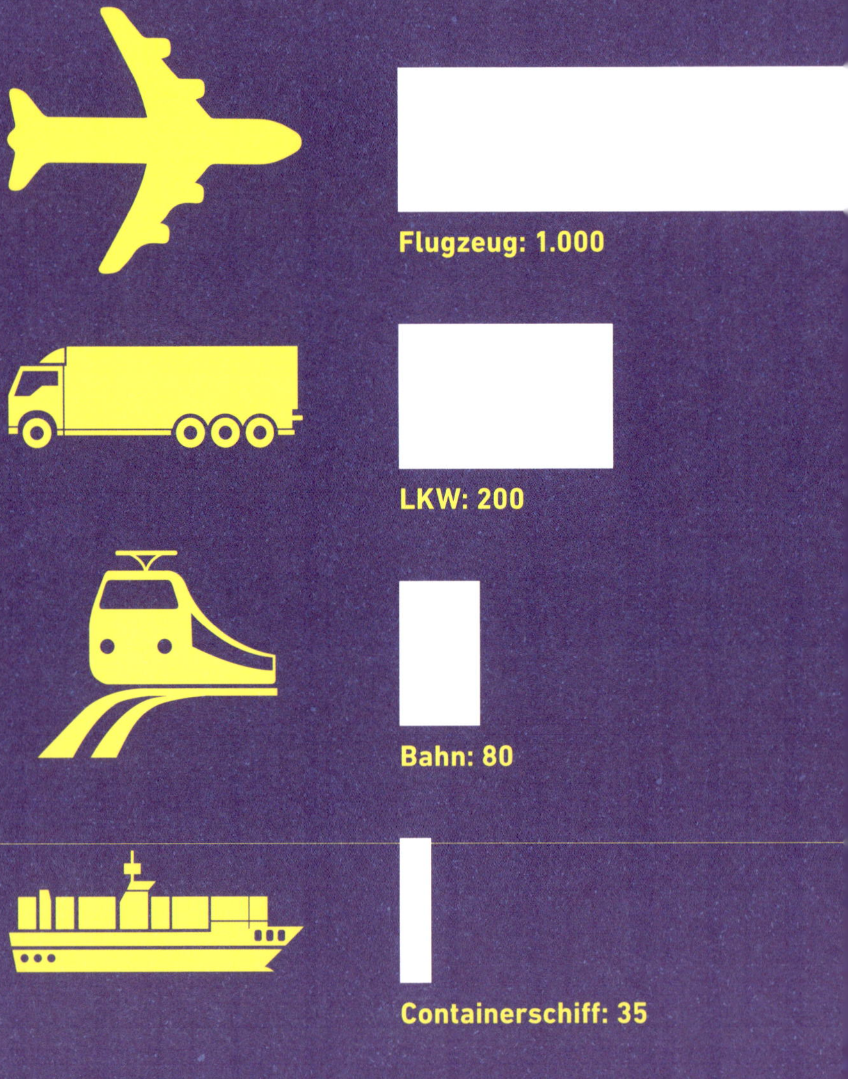

 CO2 in Gramm pro Kilogramm Lebensmittel auf 1000 Kilometer

TRANSPORTMITTEL

Nicht alles, was umweltschädlich ist, lässt sich in CO_2 messen. Bei dem Containerschiff ist Vorsicht geboten: Neben CO_2 sind hier vor allem Schwefeloxide, Feinstaub, Stickoxide und Ruß das Problem. All diese Stoffe sind hochgiftig. Sie schädigen die Gesundheit von Mensch und Umwelt. 28 Prozent der Treibhausgase aller Nahrungstransportmittel werden durch die Schifffahrt verursacht. Versuche, Produkte aus Übersee zu meiden, da diese entweder mit dem Flugzeug oder mit dem Containerschiff kommen. Kurz gesagt: Je näher, desto besser.

FLIEGENDE LEBENSMITTEL

 Lebensmittel je nach Herkunftsland mit Flugtransport

afrikanische Länder
Hawaii, Indien, Südafrika
Peru

APFEL IST NICHT GLEICH APFEL

aus Deutschland (Lkw)
saisonal
790

aus Neuseeland (Flugzeug)
ganzjährig
5.130

TRAUBE IST NICHT GLEICH TRAUBE

aus Deutschland (Lkw)
saisonal
190

aus Chile (Flugzeug)
ganzjährig
7.400

HERKUNFT:
SPANIEN
HERKUNFT: NEUSEELAND
HERKUNFT:
CHILE

HERKUNFT:
DEUTSCHLAND

ALLES ZU SEINER ZEIT

Saisonal einkaufen schont das Klima: Wenn du Obst und Gemüse jeweils nur in seiner ursprünglichen Erntezeit kaufst, kannst du deinen CO2-Ausstoß reduzieren. Versuche, darauf zu achten, nur das zu kaufen, was im aktuellen Monat erntereif ist. Der Saisonkalender sorgt für die Übersicht:

SAISONKALENDER

Selbst ausdrucken

App: „GrünZeit"

Geduld lernen

Deine Geduld, bis zur Spargelzeit zu warten, zahlt sich aus. Ein direkter Vergleich: Außerhalb der Saison verursachen 100 Gramm Spargel aus Chile 1.700 Gramm CO2-Ausstoß. Wenn du in der Saison regionalen Spargel kaufst, verursachst du nur 60 Gramm.

Eindeutig ist es nicht immer

Beim Thema regional und saisonal gibt es Überschneidungen. Denn auch wenn die Lebensmittel heimisch sind, macht es einen Unterschied, wie lange sie gelagert wurden. Wenn die heimischen Lebensmittel außerhalb der Saison gekauft werden, wurden sie im beheizten Gewächshaus angebaut. Regional und gleichzeitig saisonal ist die beste Kombination: Also regionales Gemüse aus saisonalem Freilandanbau.

GLOBAL DENKEN, LOKAL HANDELN

Beispiel Apfel

Deutsche Äpfel sind von August bis November klimafreundlicher als Äpfel aus Neuseeland. Im Frühjahr kippt das Verhältnis. Jeden Monat schlägt der Energieeinsatz für die Lagerung heimischer Äpfel stärker zu Lasten. Somit ist nach langer Lagerung mit hohem Energieeinsatz der frisch gepflückte Apfel aus Neuseeland klimafreundlicher. Eine klare Entscheidung ist nicht immer möglich. Transportmittel, Lagerzeit, Anbauart und Ursprungsland sind nicht immer nachvollziehbar.

Freiland statt Gewächshaus

Lebensmittel aus dem beheizten Treibhausanbau verursachen im Durchschnitt 10- bis 30-mal mehr Emissionen als solche aus Freilandproduktion. Beim Freilandanbau wird kein Erdöl zum Heizen von Treibhäusern gebraucht.

Regionales Fleisch

Regionales Fleisch ist keine klimafreundliche Entscheidung. Der verkürzte Transportweg zwischen Mastanlage und Metzger befreit das Fleisch nicht von seinem Status des Klimakillers. Zuchtbetrieb, Mastanlage, Futtermittelproduktion, Schlachthaus, Weiterverarbeitung und Metzger liegen nie allesamt ortsnahe beieinander. Eine alleinige Futtermittelproduktion auf deutschen Flächen ist nicht möglich. Auch wenn das Tier regional gemästet wurde, stößt es Methan aus, verbraucht ehemalige Waldfläche für die Futtermittelproduktion, beansprucht Wasser und produziert regional immer noch viel Gülle, die das Grundwasser verunreinigt. Tiere in Deutschland werden auch mit Soja aus Regenwaldgebieten gefüttert.

→ 68
FLEISCH

LIEBER REGIONAL ALS IRRATIONAL

Regional

Bei allen Lebensmitteln sorgen die Transportwege zusätzlich für Emissionen. Regional angebaute Pflanzen haben einen geringeren Energie- und Rohstoffverbrauch und somit eine geringere Klimabelastung als Pflanzen aus weit entfernten Ländern. Deshalb solltest du beim Einkaufen immer auf das Herkunftsland achten und dabei Obst und Gemüse bevorzugen, das einen kürzeren Transportweg hinter sich hat.

142 ← HERKUNFT

Heimisch statt exotisch

Exotische Früchte sind lecker, süß und verlockend. Doch sie haben einen bitteren Beigeschmack, da sie meist aus weit entfernten Ländern eingeflogen werden. Eine Papaya kannst du mit Kirschen ersetzen. Pfirsiche sind genauso lecker wie Mangos. Du hast Lust auf exotische, kulinarische Experimente? Auch heimisches Gemüse kann exotisch schmecken. Was hier zählt, sind die richtigen Gewürze.

Transportarten

Leider wird die Transportart beim Produkt nicht angegeben. Nicht immer kannst du herausfinden, in welchem Gebiet welches Obst und Gemüse wächst. Was kaum jemand weiß: Nur 0,01 Prozent aller importierten Bananen werden eingeflogen. Bananen werden fast immer mit dem Schiff transportiert. Durchs Inland wird meist mit dem Lkw oder der Bahn transportiert. Lkws stoßen deutlich mehr Treibhausgase aus als die Bahn. Den Flugtransport und somit Lebensmittel aus Übersee solltest du vermeiden. Flugtransporte sind sehr klimaschädlich. Ihre Emissionen entstehen in großer Höhe. Transporte mit Flugzeugen heizen die Klimakrise mehrere hundertmal stärker an als solche mit Hochseeschiffen.

134 ← TRANSPORT

FLIEGENDE LEBENSMITTEL

Es gibt keine verbindliche Kennzeichnung von Flugware. Hier eine Übersicht der typischen Lebensmittel mit Flugtransport:

- Bohnen aus Ägypten, Kenia und Thailand
- Spargel aus Peru
- Papayas, Guaven, Mangos und Mangostane aus Pakistan, Brasilien und Thailand
- Gemüse aus Ost- und Westafrika, Kenia, Ghana
- Gemüse aus Thailand, Dominikanische Republik
- Ananas aus afrikanischen Ländern
- Obst aus Uganda, Ghana und Togo
- Erdbeeren aus Ägypten, Israel und Südafrika

ERNÄHRE DICH BIOLOGISCH STATT KONVENTIONELL

Du ernährst dich bereits pflanzlich und achtest beim Gemüse und Obst darauf, regional und saisonal einzukaufen? Du bist somit ein echter Klimaschützer. In der nächsten Stufe der Ernährungspyramide kannst du noch mal einen Beitrag für den Umweltschutz leisten. Entscheide dich für biologisch angebaute Lebensmittel, statt konventioneller Massenware. Warum sind Bio-Lebensmittel klimafreundlich? Das erfährst du in diesem Kapitel.

BIO

KONVENTIONELL

ARTENSTERBEN
MONOKULTUR
BODENEROSION
VERSCHWENDUNG
VIEL NITRAT

BIO

ARTENVIELFALT
MISCHKULTUR
BODENDSCHUTZ
WERTSCHÄTZUNG
WENIG NITRAT

KONVENTIONELL

BIO

KLIMAKRISE

BIENENSTERBEN

MEHR INFOS → 164

DIE LEISTUNG DER BIENEN BETRÄGT WELTWEIT 500 MILLIARDEN EURO

BIO-LOGISCH!

Warum ist bio klimafreundlich?

Das hat mehrere Gründe. Wenn dir Klima- und Umweltschutz wichtig sind, solltest du versuchen, so oft wie möglich biologische anstelle von konventionellen Lebensmitteln auszuwählen. Im konventionellen Pflanzenanbau werden mineralische Stickstoffdünger eingesetzt. Deren Synthese in der chemischen Industrie ist sehr energieaufwendig. In der ökologischen Landwirtschaft sind diese nicht zugelassen. Auch der Einsatz von Kunstdünger und Pflanzenschutzmitteln ist verboten. Deshalb werden 20 Prozent weniger Treibhausgase emittiert als bei konventioneller Landwirtschaft.

Energie und Treibhausgase

Die Düngung mit Stallmist und Gülle ist in der Bio-Landwirtschaft begrenzt. Deshalb ist der Ausstoß von Lachgas im Öko-Landbau deutlich geringer. Beim Bio-Pflanzenbau verbrauchen die ökologischen Betriebe im Vergleich zu konventionellen etwa die Hälfte an Energie. Öko-Betriebe produzieren pro Hektar etwa die Hälfte der Treibhausgase.

BIO UND KONVENTIONELL IM VERGLEICH

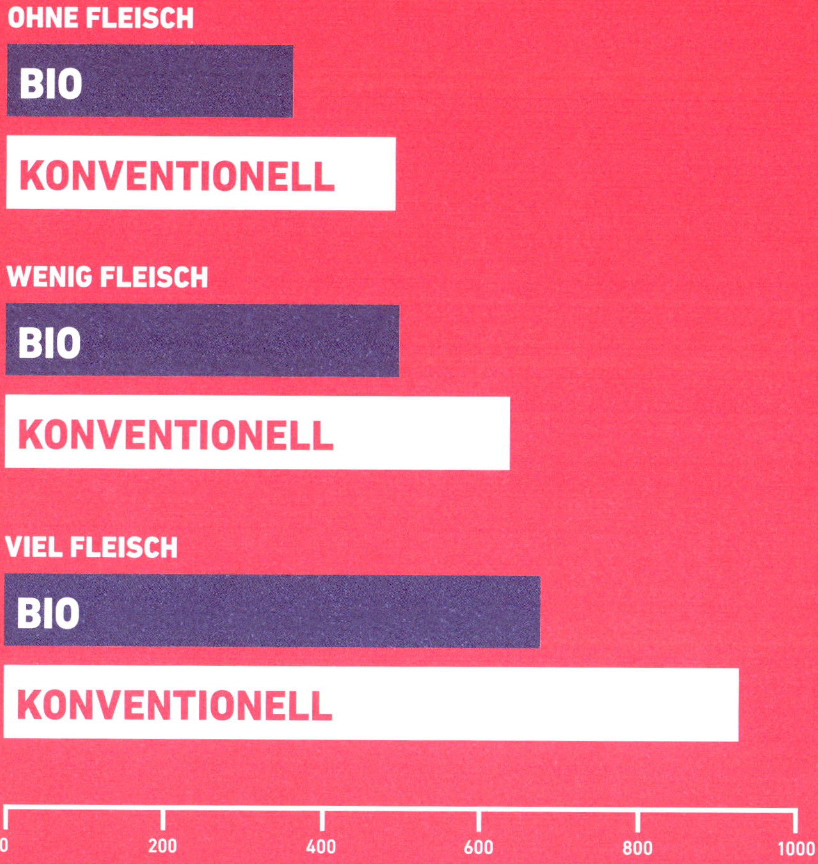

CO2 in Kilogramm pro Person und Jahr bei einer Mischkost

BODEN-
FRUCHTBARKEIT

Boden als begrenzte Ressource

Der Boden ist eine begrenzte Ressource mit wertvollen Nährstoffen. Die Bodenfruchtbarkeit und Bodengesundheit müssen geschützt werden. Im biologischen Pflanzenanbau erfolgt die Stickstoffzufuhr in den Böden durch den Anbau von Zwischenfruchtfolgen zur Gründüngung. Die Bio-Pflanzen wachsen auf natürliche Weise. Die führt dazu, dass der Boden, aus dem die Pflanzen ihre Nährstoffe ziehen, länger genutzt werden kann. Die Nährstoffe bleiben im Boden enthalten. Bio-Anbau verzichtet auf nitrathaltige Düngungsmittel und synthetische Pestizide. Wenn Pflanzen behandelt werden, dann nur mit natürlichen Mitteln. Anstelle von tierischem Dünger wird teilweise auch pflanzlicher Dünger, also Pflanzenreste, verwendet. Konventionell angebaute Pflanzen haben einen 320-mal höheren Pestizidgehalt als biologisch angebaute. Organischer Boden ist gegen Dürre und Überschwemmungen widerstandsfähiger. Der Boden wird durch Fruchtwechsel oder Ruhephasen geschont. Dein Bio-Lebensmitteleinkauf sorgt somit für eine geringere Bodenbelastung.

WELTWEITER VERLUST AN BODENFRUCHTBARKEIT

HEUTE

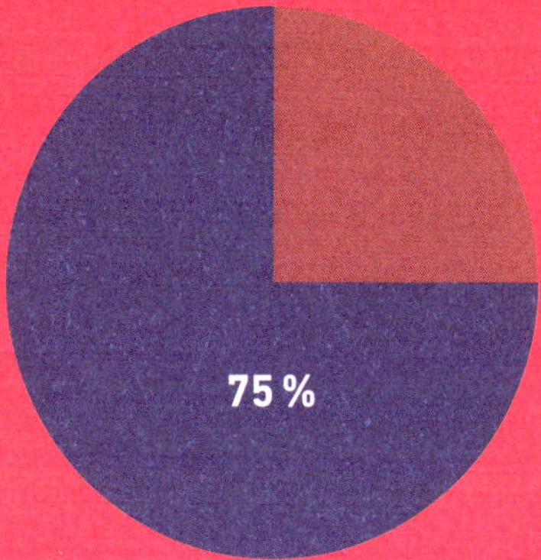

PROGNOSE 2050

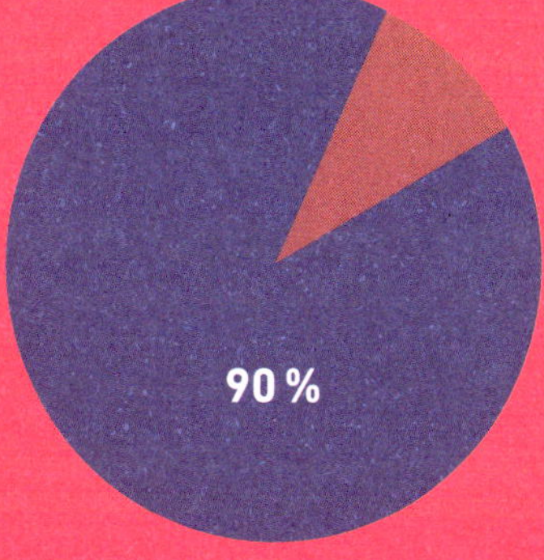

BIO-FLEISCH

Bio-Fleisch ist keine Lösung

68 ← FLEISCH

Bio-Fleisch anstelle von konventionellem Fleisch zu kaufen macht für das Klima nur einen kleinen Unterschied. Eine Bio-Kuh stößt genauso viel Methan aus, wie eine konventionelle. Eine Bio-Kuh verursacht zwar grundsätzlich weniger CO2, da sie aber acht Monate länger im Betrieb bleibt als eine Kuh in der konventionellen Haltung, sind die Werte wiederum gleichauf. Bio-Tiere leben länger und verbrauchen deshalb mehr Futter und Wasser und produzieren dabei mehr Gülle. Die Herstellung von Fleisch ist eine Verschwendung von Ressourcen. In der konventionellen Intensivtierhaltung werden sieben pflanzliche Kalorien verfüttert, um daraus eine tierische Kalorie herzustellen. Für Bio-Fleisch hingegen braucht es 10 bis 12 Kalorien für eine tierische Kalorie. Bio-Fleisch ist also ressourcen-intensiver als konventionelles Fleisch. Ein Kilo Bio-Rindfleisch ist immer noch 90-mal klimaschädlicher als die gleiche Menge konventionelles Gemüse. Bio-Butter ist immer noch zehnmal schlechter für das Klima als konventionelle Margarine. Der Griff zu Bio-Lebensmitteln lohnt sich klimatechnisch also vor allem bei pflanzlichen Lebensmitteln.

112 ← GÜLLE

Fleisch tötet Insekten

Die Futtermittelindustrie zerstört Lebensräume. Vor allem Wildbienen leiden unter dem Verlust von Nistmöglichkeiten, weil Agrarwirtschaft jene Teile der Landschaft für Insekten unbewohnbar macht, die noch nicht mit Wohngebieten und Parkplätzen für Menschen belegt sind.

BIO IST BIENENSCHUTZ

Wer Bienen retten will, sollte bio kaufen

Für die Insekten macht Bio-Gemüse und Bio-Obst einen wesentlichen Unterschied. Das Insektensterben und der Klimawandel stehen im direkten Zusammenhang. Beides verstärkt und verschlimmert sich gegenseitig: Insektensterben durch Klimawandel. Klimawandel durch Insektensterben. Insbesondere die Wildbienen sind bedroht.

Ohne Bienen keine Pflanzen

Ohne Pflanzen keine CO2-Bindung. Bienen sind für unser Ökosystem außerordentlich wichtig. Sie bestäuben etwa 80 Prozent der blühenden Pflanzen und sichern damit das Überleben von Bäumen, Blumen und Gräsern. Bienen sichern somit auch das Überleben der Menschheit. Die Biene sorgt weltweit für eine volkswirtschaftliche Leistung von jährlich 500 Milliarden Euro. Würde es keine Bienen mehr geben, wären wir Menschen vier Jahre später ausgestorben.

Ohne Bienen kein Wald

→ 111
TWALDUNG

Bäume sind sauerstoffproduzierende Kohlenstoffspeicher. Bäume produzieren, wie alle Pflanzen auf der Erde, Sauerstoff. Ein kleiner Baum (20 Meter Höhe) produziert pro Tag 10.000 Liter Sauerstoff. Das reicht für 10 Menschen, die am Tag je 1.000 Liter Sauerstoff benötigen. Um zu wachsen, betreiben die Bäume Fotosynthese. Währenddessen binden sie Kohlendioxid aus der Luft und bremsen somit die Klimakrise. Unter Lichteinfluss zerlegen sie das Gas in seine Bestandteile und verwandeln es in organische Materialen, wie zum Beispiel Holz. Ein Nebenprodukt der Fotosynthese ist übrigens der zuvor genannte Sauerstoff.

GRÜNDE FÜR DAS INSEKTENSTERBEN

Klimawandel

Der Klimawandel bringt den Rhythmus von Insekten und Pflanzen durcheinander. Milde Winter und lange Trockenheitsphasen im Frühjahr und Sommer stressen die Insekten zusätzlich. Die Phasen der Blütezeiten und die Lebenszeit der Insekten stimmen nicht mehr überein. Vorgezogene Blütephasen oder plötzliche Temperaturveränderungen zehren an den Energievorräten und macht die Insekten anfälliger für Krankheiten.

18 ← KLIMAWAN

Insektizide

In der konventionellen Landwirtschaft werden Insektenvernichtungsmittel, Pflanzenschutzmittel und Kunstdünger eingesetzt. Dies wird auch von Wildbienen aufgenommen, wodurch einige innerhalb von zwei Tagen sterben. Allgemein werden die nützlichen Insekten anfälliger für Krankheiten. Die industrielle Landwirtschaft ist ein Grund für das Bienensterben.

Monokulturen

Konventionelle Nutzpflanzen werden auf großen Flächen in Monokulturen angebaut. Hier gibt es kaum Blühpflanzen, Blühstreifen oder wild wachsende Pflanzen, die den Insekten Nahrung liefern. In monotonen Agrarlandschaften finden Insekten keinen Unterschlupf und keine Nistplätze. Bei dem Anbau von Bio-Lebensmitteln werden weniger Monokulturen eingesetzt. Somit wird aktiver Arten- und Insektenschutz betrieben.

110 ← FUTTERMIT

STIRBT DIE BIENE, STIRBT DER MENSCH

NOCH MEHR TIPPS FÜR KLIMASCHUTZ IM ALLTAG

Wir brauchen nicht einige, die alles richtig machen, sondern alle, die einiges richtig machen. Du kannst nicht alles perfekt machen. Aber du kannst Schritt für Schritt nachhaltiger leben. Hauptsache du fängst an! Jeder Mensch ist unterschiedlich. Manche Veränderungen fallen dir leicht - die anderen eher schwer. Teile dein Wissen mit deinen Freunden und deiner Familie.

LEBENSMITTEL

- Frisch statt tiefgekühlt
- Unverarbeitet statt industriell-verarbeitet
- Aufbrauchen statt wegwerfen
- Unverpackt statt Plastik
- Palmölfrei und Fairtrade

Einkaufen und kochen

- Regionaler Wochenmarkt und Bio-Bauernhof
- Mindesthaltbarkeitsdatum mit eigenen Sinnen überprüfen
- Reduzierte Lebensmittel kaufen, bevor sie entsorgt werden
- Unschönes Obst und Gemüse zuerst kaufen
- Lebensmittel retten (z.B. sirplus.de)
- Foodsharing (foodsharing.org)
- Lebensmittel richtig lagern
- Verpackung: Mehrweg statt Einweg
- Leitungswasser trinken
- Nachwärme vom Herd und Backofen nutzen
- Kochen mit Deckel spart Energie
- Wasserkocher statt Herdplatte, um Wasser zu erhitzen
- Auf „Backofen vorheizen" verzichten
- Obst und Gemüse mit einer Schüssel in der Spüle waschen
- Gefrorene Lebensmittel im Kühlschrank auftauen lassen
- Essen abkühlen, bevor es in den Kühlschrank kommt
- Klimafreundliche Küchengeräte

Energie

- Zu Öko-Strom wechseln (z.B. lichtblick.de)
- Stromverbrauch reduzieren
- Herstellung von Strom verstehen und wertschätzen
- Photovoltaik
- Licht aus beim Verlassen des Raumes
- Stecker rausziehen bei Nicht-Nutzung
- Geräte ausschalten statt Stand-by-Modus
- Weniger heizen (im Winter warm anziehen statt heizen)
- LED-Beleuchtung
- WLAN Router aus, wenn nicht benötigt

Verkehr

- Fahrrad fahren
- Bus statt Auto, Bahn statt Flugzeug
- Öffentliche Verkehrsmittel nutzen
- Carsharing statt Privat-Pkw
- Mitfahrgelegenheiten nutzen statt allein fahren

Urlaub

- Nah statt fern
- Auf Flugzeug und Kreuzfahrtschiffe verzichten

Bekleidung

- Fair-Fashion statt Fast-Fashion
- Bio-Waschball
- Kleidung lüften statt waschen
- Kleidung falls möglich seltener waschen
- Mit geringer Temperatur waschen
- Kleidung an der Luft trocknen ohne Trockner

Müll

- Briefkasten: „Bitte keine Werbung-Aufkleber“
- Werbung und Kataloge abbestellen
- Mehrweg statt Einweg (Stofftaschentücher)
- Müll reduzieren, richtige Mülltrennung
- Großpackungen kaufen
- Müll nicht in die Natur werfen, Müll aufsammeln
- Recycling-Toilettenpapier
- Plastikfrei leben (Zero Waste)
- Rucksack oder Jutebeutel zum Einkauf mitnehmen

Konsum

- Allgemein weniger neu kaufen
- Second-Hand-Laden
- Verschenken und tauschen
- Reparieren statt neu kaufen
- Flohmarkt, Kleiderkreisel, eBay Kleinanzeigen
- Kleidertauschparty
- Produkte mit langer Lebensdauer
- Lokal einkaufen statt Online-Shopping
- Vorhandenes wertschätzen und aufbrauchen
- Minimalismus (weniger ist mehr)
- Kosmetik selbst machen

Garten

- Gemüse und Obst selbst anbauen
- Bienen-Nistplätze selbst bauen
- Futter und Wasser für Kleintiere aufstellen
- Naturnahes Gärtnern
- Kochwasser abgießen und zum Blumengießen nutzen
- Insektenfreundliche Blumen anpflanzen

Wasser

- Beim Zähneputzen und Einseifen das Wasser abstellen
- Spar-Taste bei der Toilettenspülung

Geld

- Zu nachhaltiger/ethischer Bank wechseln (z.B. GLS Bank)
- Einen Baum pflanzen (z.B. treedom.net)
- Umweltschutzprojekte unterstützen

Arbeitsplatz

- Umweltschutzmaßnahmen im Unternehmen ansprechen
- Optimierungen im Unternehmen vorschlagen
- Arbeitsprozesse optimieren, Abfälle reduzieren
- Bildschirm aus nach Feierabend
- Rechner und Drucker vom Netz trennen
- Papierverbrauch reduzieren und doppelseitig drucken
- Recycling-Papier verwenden
- Nicht mehr benötigte Ausdrucke und Fehldrucke als Notizzettel oder Schmierzettel verwenden
- Toner und Patronen: Wiederaufbereiten und Auffüllen
- Nachhaltige Schreibmaterialien

Sonstiges

- Auf Feuerwerk (an Silvester) verzichten

Web

- Ecosia statt Google
- Klima-Reportagen und Artikel weiterleiten
- Petitionen, Demos, Events über Social Media teilen
- Streaming-Dienste meiden
- Unnötige Datenmengen, Speicherplatz online vermeiden

Aktiv werden

- Fridays For Future
- Extinction Rebellion
- Ende Gelände, Sand im Getriebe, Am Boden bleiben
- Fossil Free, Greenpeace
- Politisch aktiv werden
- Klimafreundliche Partei wählen
- Freunde zur Wahl mobilisieren
- E-Mails oder Anrufe an Politiker, Verbände, Unternehmen
- Bürgermeister auf Probleme hinweisen

Andere inspirieren

- Nachfragen im Supermarkt und Restaurant
- Online-Petitionen unterschreiben (campact.de, change.org, epetitionen.bundestag.de)
- Fehlverhalten bei Freunden und Familie offen ansprechen
- Mitmenschen aufklären und inspirieren
- Mit Kreide Botschaften auf dem Boden malen
- Nachhaltiges Unternehmen gründen

Quellen

Seite 14: 1,5-Grad-Grenze IPPC Bericht https://www.de-ipcc.de/256.php
Seite 18: Treibhauseffekt https://www.jbn.de/kampagnen/klimawandel/klimawandel-erklaert/
Seite 19: Industrialisierung https://www.planet-wissen.de/gesellschaft/wirtschaft/industrialisierung_in_deutschland/index.html
Seite 19: Klimawandel https://www.umweltbundesamt.de/themen/klima-energie/klimawandel/klima-treibhauseffekt#textpart-1
Seite 19: Treibhauseffekt https://praxistipps.focus.de/was-ist-der-treibhauseffekt-einfach-erklaert_99249
Seite 20: Treibhausgase https://www.umweltbundesamt.de/themen/klima-energie/klimaschutz-energiepolitik-in-deutschland/treibhausgas-emissionen/die-treibhausgase
Seite 22: Kipppunkte https://www.focus.de/wissen/klima/klimawandel-das-passiert-wenn-wir-das-1-5-grad-ziel-nicht-einhalten_id_10779382.html
Seite 26: Klimabesorgnis https://www.sueddeutsche.de/wissen/klimawandel-studie-1.4323957
Seite 27: Vegetarismus Statista, 2019 https://de.statista.com/statistik/daten/studie/173636/umfrage/lebenseinstellung-anzahl-vegetarier/
Seite 28: Fehlende Berichterstattung Schicksale des Klimawandels, Mathias Braschler, ISBN-13: 978-3775728065, Auflage: 1 (12. September 2011)
Seite 38: Ernährung und Klimaschutz, Karl von Koerber, Jürgen Kretschmer, Martin Schlatzer https://www.nachhaltigeernaehrung.de/fileadmin/Publikationen/aid_eif_Nachhaltige_Ernaehrung_Koerber_09-2014__Lit.pdf
Seite 42 bis Seite 61: CO2-Werte pro Lebensmittel https://www.oeko.de/oekodoc/328/2007-011-de.pdf
Seite 43: Margarine https://wendezeit.ch/ernaehrung-co2-emissionen-von-lebensmitteln/
Seite 64: Virtuelles Wasser https://www.lebensmittellexikon.de/v0001020.php
Seite 68: Probleme der Tierindustrie https://proveg.com/de/5-pros/pro-umwelt/wie-sich-die-industrielle-tierhaltung-auf-den-klimawandel-auswirkt/
Seite 72: Die Top 3 https://www.swrfernsehen.de/marktcheck/hintergrund/CO2-Bilanz-auf-dem-Teller-Diese-Lebensmittel-sind-die-groessten-Klimakiller,article-swr-5774.html
Seite 78: Äcker weltweit https://www.umweltbundesamt.de/sites/default/files/medien/479/publikationen/globale_landflaechen_biomasse_bf_klein.pdf
Seite 80: Flächenverbrauch Brot für die Welt, Zukunft säen, Cook Earth; Meinhold, Technische Universität München, 2010, https://www.brot-fuer-die-welt.de/fileadmin/mediapool/2_Downloads/NIFSA/aktionsbeschreibung.pdf
Seite 82: Sojanutzung https://naldc.nal.usda.gov/download/48661/PDF
Seite 84: Soja https://www.brot-fuer-die-welt.de/fileadmin/mediapool/2_Downloads/Fachinformationen/Analyse/analyse_34_futtermittelstudie.pdf
Seite 85: Soja https://www.codecheck.info/news/Woher-kommt-das-Soja-in-meiner-Sojamilch-153183
Seite 86: Amazonasabholzung hhttps://www.tierschutzbund.de/fileadmin/user_upload/Downloads/dudt-Sonderdrucke/dudt_Sonderdruck_Rinder_als_Klimasuender.pdf
Seite 90: Vergleich Autofahrt https://www.welt.de/wissenschaft/article106376212/Ein-Kilo-Rindfleisch-so-mies-wie-1600-Kilometer-Autofahren.html / https://www.sciencedirect.com/science/article/abs/pii/S0306919212000942
Seite 98: Methan und Rinderzucht https://www.tierschutzbund.de/fileadmin/user_upload/Downloads/dudt-Sonderdrucke/dudt_Sonderdruck_Rinder_als_Klimasuender.pdf
Seite 102: Milchsorten im Vergleich https://albert-schweitzer-stiftung.de/aktuell/oekobilanz-pflanzenmilch
Seite 104: Vegan https://www.pnas.org/content/early/2016/03/16/1523119113
Seite 106: Livestock´s long shadow http://www.fao.org/3/a0701e/a0701e00.htm

Seite 108: Ammoniak https://www.umweltbundesamt.de/daten/land-forstwirtschaft/beitrag-der-landwirtschaft-zu-den-treibhausgas#textpart-1
Seite 108: Methan und Lachgas https://www.umweltbundesamt.de/themen/boden-landwirtschaft/umweltbelastungen-der-landwirtschaft/lachgas-methan
Seite 111: Soja und Regenwald https://www.abenteuer-regenwald.de/bedrohungen/fleisch
Seite 111: Entwaldung https://vebu.de/tiere-umwelt/umweltbelastung-durch-fleischkonsum/energie-ressourcenverschwendung/
Seite 111: Fleisch frisst Land WWF https://www.wwf.de/fileadmin/fm-wwf/Publikationen-PDF/WWF_Fleischkonsum_web.pdf
Seite 114: Verringerung der Tierbestände http://p376185.mittwaldserver.info/fileadmin/user_upload/Dateien/Daten/Publikationen/Hintergrund/Öko-Institut_Quantifizierung_Maßnahmenvorschläge_2030_Landwirtschaft_-_Klima-Allianz_Deutschland.pdf
Seite 114: Planetary Health Report https://www.bzfe.de/inhalt/nachhaltige-ernaehrung-31280.html
Seite 114: DGE Empfehlung https://www.dge.de/presse/pm/ernaehrung-nach-dge-gut-fuers-klima/
Seite 115: The Planetary Health Diet https://eatforum.org/content/uploads/2019/01/EAT-Lancet_Commission_Summary_Report.pdf
Seite 117: Vegan und Omnivore Vergleich https://link.springer.com/article/10.1007/s10584-014-1169-1
Seite 120: Spargel aus Chile https://www.greenpeace.org/austria/de/News/Aktuelle-Meldungen/Klima-News/2017/Mit-diesen-7-Tipps-sparen-sie-wirkungsvoll-CO2/
Seite 122: Ernährung und Klima, Karl von Koerber, Jürgen Kretschmer, Martin Schlatzer https://dgk.de/fileadmin/user_upload/Presse-archiv-bilder/smog/Ernaehrung_und_klimaschutz.pdf
Seite 132: Heimische Superfoods https://www.projekt-gesund-leben.de/2016/07/exotische-vs-heimische-superfoods-regionale-alternativen/
Seite 134: Heimisch statt Exotisch https://nachhaltig-sein.info/privatpersonen-nachhaltigkeit/wirkung-von-lebensmittel-transporten-auf-umwelt-infografik
Seite 135: http://www.jedes-essen-zählt.de/download/2008-221-de.pdf
Seite 138: Apfel / Spargel Vergleich https://www.wwf-jugend.de/blogs/148/820/quot-co2-rucksack-quot-von-lebensmitteln und https://www.hs-aalen.de/uploads/mediapool/media/file/5772/Doku_Food_Miles.pdf
Seite 140: https://www.ots.at/presseaussendung/OTS_20070316_OTS0098/proell-co2-rucksack-von-lebensmitteln-ist-problembereich
Seite 147: Flugtransporte https://www.verbraucherzentrale.nrw/sites/default/files/migration_files/media165531A.pdf
Seite 148: Bio Pro und Contra https://www.online-lebensmittel-lieferservice.de/bio-produkte-pro-und-contra/#Absenken_der_Standards
Seite 156: Wirtschaftsmacht Biene Statista https://de.statista.com/infografik/13843/wirtschaftsmacht-bienen/ (FAO 2016): http://www.fao.org/news/story/en/item/384726/icode/
Seite 158: Bio vs konventionell https://www.nachhaltigeernaehrung.de/fileadmin/Publikationen/vonKoerber_Kretschmer.pdf
Seite 160: Bodenfruchtbarkeit https://wad.jrc.ec.europa.eu/download
Seite 162: Insektensterben http://www.umweltinstitut.org/themen/landwirtschaft/artensterben/bienen/gruende-fuer-das-bienensterben.html
Seite 163: Bienensterben https://www.welt.de/wissenschaft/umwelt/article144151778/Sterben-die-Bienen-aus-sterben-auch-Menschen.html
Seite 163: Wunderwerk Baum https://www.baumpflegeportal.de/aktuell/10_gruende_warum_menschen_baeume_brauchen/
Seite 163: Bienensterben https://mobil.stern.de/panorama/wissen/natur/kommentar---wer-bienen-retten-will--sollte-bio-kaufen--7995076.html?fbclid=IwAR2Mcq7PACjBldLfnZji3XkKBLldHC7BNxEiWsUwow9UYo9c2mz5G8M9EUM
Seite 165: Zitat Albert Einstein
Seite 168: Klimaschutz im Alltag https://www.greenpeace.de/themen/klimawandel/klimaschutz/die-zehn-wichtigsten-tipps-was-sie-fuer-das-klima-tun-koennen